DIREITO DAS COISAS

Dados Internacionais de Catalogação na Publicação (CIP)
(Câmara Brasileira do Livro, SP, Brasil)

Roque, Sebastião José
　　Direito das coisas / Sebastião José Roque. —
2. ed. rev. e ampl. — São Paulo : Ícone, 2004.

ISBN 85-274-0782-5

　　1. Direitos reais 2. Direitos reais - Brasil
I. Título.

04-1471   CDU-347.2(81)

Índices para catálogo sistemático:

1. Brasil : Direito das coisas : Direito civil
　　347.2(81)
2. Brasil : Direitos reais : Direito civil
　　347.2(81)

Sebastião José Roque

Dr. em Direito pela Universidade de São Paulo
Professor da Faculdade de Direito
da Universidade São Francisco
Advogado e Consultor Jurídico Empresarial
Presidente da Associação Brasileira de Arbitragem - ABAR
Presidente do Instituto Brasileiro de Direito Comercial
"Visconde de Cairu"

DIREITO DAS COISAS

2ª edição
revista e ampliada

Ícone
editora

© Copyright 2004
Ícone Editora Ltda

Coleção Elementos de Direito

Capa e Diagramação
Andréa Magalhães da Silva

Revisão
Rosa Maria Cury Cardoso

Proibida a reprodução total ou parcial desta obra,
de qualquer forma ou meio eletrônico, mecânico,
inclusive através de processos xerográficos,
sem permissão expressa do editor
(Lei nº 9.610/98)

ÍCONE EDITORA LTDA.
Rua Lopes de Oliveira, 138 – 01152-010
com Rua Camerino, 26 – 01153-030
Barra Funda – São Paulo – SP
Tel./Fax: (11) 3666-3095
www.iconelivraria.com.br
E-mail: editora@editoraicone.com.br
edicone@bol.com.br

ÍNDICE

1. O DIREITO DAS COISAS

1.1. Conceito de coisa e de bem, 15
1.2. O Direito das Coisas, 16
1.3. Importância e abrangência
    do Direito das Coisas, 17
1.4. Exclusão da propriedade intelectual, 18

2. DA POSSE

2.1. Conceito e elementos da posse, 21
2.2. Classificação da posse, 21
2.3. Transformação da posse, 25
2.4. A composse, 26
2.5. Natureza jurídica da posse, 26

3. DA AQUISIÇÃO E PERDA DA POSSE

3.1. Os modos de aquisição, 33
3.2. Aquisição por herança, 34
3.3. Os abalos na posse, 35
3.4. Modos originários e derivados, 36
3.5. Da perda da posse, 36

3.6. A perda de direitos, 37
3.7. Recuperação da posse de coisas móveis, 38

4. DOS EFEITOS JURÍDICOS DA POSSE

4.1. A turbação e o esbulho, 43
4.2. As ações possessórias, 43
4.3. Percepção dos frutos, 45
4.4. Indenização dos prejuízos, 47
4.5. Direito de retenção, 48
4.6. Responsabilidade pela coisa possuída, 49

5. DA PROPRIEDADE

5.1. Conceito de propriedade e domínio, 55
5.2. Características do domínio, 57

6. DA PROPRIEDADE IMÓVEL

6.1. Coisas móveis e imóveis, 65
6.2. Da aquisição da propriedade imóvel, 65
6.3. Da aquisição pela transcrição do título, 66

7. DA AQUISIÇÃO POR ACESSÃO

7.1. Conceito e modalidades, 73
7.2. Das ilhas, 73
7.3. Da aluvião, 75
7.4. Da avulsão, 77
7.5. Do álveo abandonado, 78
7.6. Das construções e plantações, 79

8. DA USUCAPIÃO

8.1. Conceito e elementos, 87
8.2. Usucapião extraordinária, 89
8.3. Usucapião ordinária, 89
8.4. Usucapião especial, 89

9. DOS DIREITOS DE VIZINHANÇA

9.1. Conceito e tipos, 95
9.2. Do uso anormal da propriedade, 97
9.3. Das árvores limítrofes, 98
9.4. Da passagem forçada, 100
9.5. Das águas, 101
9.6. Dos limites entre prédios, 104
9.7. Do direito de construir, 105
9.8. Do direito de tapagem, 108

10. DA PERDA DA PROPRIEDADE IMÓVEL

10.1. Os modos de perda da propriedade imóvel, 119
10.2. A perda pela alienação, 119
10.3. A perda pela renúncia, 120
10.4. A perda pelo abandono, 120
10.5. A perda pelo perecimento do imóvel, 120
10.6. A perda pela desapropriação, 121

11. DA AQUISIÇÃO E PERDA DA PROPRIEDADE MÓVEL

11.1. Modos originários e derivados, 127
11.2. Da ocupação, 127
11.3. Da invenção, 128
11.4. Do tesouro, 130
11.5. Da especificação, 130
11.6. Da confusão, comistão e adjunção, 132
11.7. Da usucapião, 133
11.8. Da tradição, 134

12. DO CONDOMÍNIO

12.1. Conceito e características, 141
12.2. Direitos e deveres dos condôminos, 142
12.3. Da administração do condomínio, 144
12.4. Do condomínio em paredes, cercas, muros e valas, 146

12.5. Do compáscuo, 146
12.6. Divisão do condomínio, 147
12.7. Do condomínio edilício, 148
12.8. Da extinção do condomínio, 150

13. DA PROPRIEDADE RESOLÚVEL

13.1. Conceito e normas, 163
13.2. Aplicações legais da propriedade resolúvel, 163

14. DOS DIREITOS REAIS SOBRE COISAS ALHEIAS

14.1. Conceito e tipos, 171
14.2. Da enfiteuse, 172
14.3. Das servidões prediais, 177
14.4. Do usufruto, 181
14.5. Do uso, 187
14.6. Da habitação, 188
14.7. Das rendas constituídas sobre imóveis, 188

15. DOS DIREITOS REAIS DE GARANTIA

15.1. Conceito e tipos, 201
15.2. Características, 202
15.3. Direitos do credor garantido, 204
15.4. Vencimento antecipado da dívida, 205

16. DO PENHOR

16.1. Conceito e requisitos, 211
16.2. Do penhor legal, 213
16.3. Do penhor rural (agrícola e pecuário), 214
16.4. Da caução de títulos de crédito, 216
16.5. Da transcrição do penhor, 218
16.6. Da extinção do penhor, 219
16.7. Do penhor industrial e mercantil, 220
16.8. Do penhor de veículos, 222
16.9. Do penhor de direitos e títulos de crédito, 224

17. DA ANTICRESE

17.1. Conceito e requisitos, 241
17.2. Direitos do credor anticrético, 242

18. DA HIPOTECA

18.1. Conceito, 247
18.2. Da hipoteca legal, 249
18.3. Do terceiro adquirente, 250
18.4. Da hipoteca voluntária, 252
18.5. Requisitos e características, 253
18.6. Da execução da hipoteca, 255
18.7. Hipoteca de devedor insolvente, 255
18.8. Direito de remissão, 257
18.9. Da extinção da hipoteca, 258
18.10. Da hipoteca de vias férreas, 260
18.11. Do registro da hipoteca, 262
18.12. Da especialização, 263

19. DO REGISTRO DE IMÓVEIS

19.1. Conceito, 273
19.2. O que deve ser registrado, 274
19.3. Quem pode promover o registro, 276
19.4. Do Registro Torrens, 277

O PODER DA MENTE

Pobre de ti se pensas ser vencido;
Tua derrota é um caso decidido
Queres vencer, mas como em ti não crês,
Tua descrença esmaga-te de vez.
Se imaginas perder, perdido estás.
Quem não confia em si marcha para trás
A força que te impele para a frente
É a decisão firmada em tua mente.

Muita empresa esboroa-se em fracasso
Inda antes de dar o primeiro passo.
Muito covarde tem capitulado
Antes de haver a luta começado.
Pensa em grande e teus feitos crescerão;
Pensa em pequeno e irás depressa ao chão.
O querer é poder arquipotente;
É a decisão firmada em tua mente.

Fraco é quem fraco se imagina;
Olha ao alto quem ao alto se destina.
A confiança em si mesmo é a trajetória
Que leva aos altos cimos da vitória.
Nem sempre quem mais corre a meta alcança,
Nem mais longe o mais forte o disco lança.
Mas se és certo em ti, vai firme, vai em frente,
Com a decisão firmada em tua mente.

1. O DIREITO DAS COISAS

1.1. Conceito de coisa e de bem
1.2. O Direito das Coisas
1.3. Importância e abrangência do Direito das Coisas
1.4. Exclusão da propriedade intelectual

1.1. Conceito de coisa e de bem

Dificilmente se pode encontrar palavra de uso tão vasto, variado e polivalente como "coisa". O Dicionário Contemporâneo da Língua Portuguesa, de Caldas Aulete, que nos parece ser o mais indicado para advogados, traz como primeiro significado: "tudo o que existe ou possa existir". Não vamos dar exemplos de aplicação dessa palavra em cada sentido, pois seria exaustivo. Teremos então de definir muito bem e de forma estável essa palavra tal como é aplicada em "Direito das Coisas". Esse termo tem aqui um sentido técnico, restrito e específico; é nesse sentido que o usaremos em nosso estudo.

Uma coisa é um bem, mas um bem especial. É um bem concreto e não abstrato: ocupa um lugar no espaço e chega ao nosso conhecimento graças à apreensão pelos cinco sentidos. A honra e a vida são bens, mas não são coisas; não chegam à razão humana pelos sentidos e não têm matéria. Portanto, não ocupam um lugar no espaço. Além dessa característica, a coisa é um bem suscetível de apropriação pelo homem, ou seja, pode o homem possuí-la e fazer dela o que bem entender, inclusive aliená-la, enfim, exercer sobre ela os direitos de propriedade. Logo, a coisa é um bem *in commercium*. A coisa é, em suma, um bem material, e economicamente útil ao homem. Por isso, o homem pode tornar-se proprietário dela e luta para isso.

Podemos considerar a coisa como um objeto, pois ela se presta a um determinado fim. Por conseqüência, as coisas têm sempre um proprietário. Vemos, por essa forma, que há íntima conexão entre coisa e propriedade; esta é, por conseguinte, o principal instituto do Direito das Coisas. Tão evidente é essa conexão que o Código Civil italiano, ao regulamentar o Direito das Coisas, lhe dá, no Livro Terceiro, o nome de "Della Proprietà". Existe porém a *res nullius* (coisa de ninguém) e a *res derelictae* (coisa abandonada). Todavia são suscetíveis de apropriação pelo homem, encontrando-se sem dono apenas temporariamente. Assim, um cachorro abandonado na rua é uma *res derelictae*. Contudo, se alguém o achar na rua, levá-lo consigo e registrá-lo, tornar-se-á proprietário dele. Existe a *res communes* (coisa comum), de uso de todos, por serem insuscetíveis de apropriação pelo homem. É o caso da luz, do ar, do mar. Não podendo ser objeto de negociação, deixam de ser "coisas" no sentido que lhes damos. Não se consideram coisas também os bens públicos, por não serem suscetíveis de negociações privadas.

1.2. O Direito das Coisas

O Direito das Coisas é o complexo de normas e princípios que regulamentam as relações jurídicas referentes às coisas, ao aproveitamento e utilização delas e os direitos do proprietário delas. Os temas primaciais do Direito das Coisas são a posse, a propriedade, os direitos reais sobre coisas alheias, as garantias representadas pelas coisas. Os direitos sobre as coisas são também chamados de "Direitos Reais" (de *res*). Estão eles expressos no Livro III de nosso código, compreendendo os arts. 1.196 a 1.510, complementados por várias leis extravagantes, como o Código de Águas, a Lei do Parcelamento do Solo, a Lei do Usucapião, o Código de Minas.

Trata-se de um ramo do direito extremamente delicado, por tratar da posse, da propriedade e dos direitos sobre coisas alheias. Por essa razão, mantém-se ele imutável, apresentando pouca evolução. As regulamentações encontradas nos códigos de vários países são bem semelhantes umas às outras e todas muito ligadas ao Digesto, à legislação justinianéia. Exemplo dessa delicadeza encontramos no Brasil: toda vez que se fala em reforma agrária, típico problema de Direito das Coisas, começa-se a matar e a morrer. Enquanto o Direito de Família é constantemente modernizado e muito se fala na reforma do Código Penal, ninguém se atreve a falar em modernização do Direito das Coisas nem em sua reforma. Talvez seja esse o motivo por que se ofereceu tanta resistência à implantação de nosso Código Civil e, agora, à sua reforma.

É patente a existência de um direito especial referente ao Direito das Coisas, a saber, os direitos reais. Distinguem-se assim dos direitos pessoais, encontrados nos demais ramos do Direito Civil. O direito pessoal é oponível apenas contra uma pessoa ou um grupo de pessoas. O direito real opõe-se *erga omnes*, ou seja, contra todos, contra a coletividade. Por isso, o sujeito passivo é um devedor certo e individualizado no direito pessoal, enquanto no direito real o sujeito passivo é indeterminado.

Os direitos reais, expostos em nosso código e que serão adiante analisados, são de dois tipos, e será conveniente a indicação deles desde já para se ter deles uma visão ampla. O "Direito na Coisa Própria" (*jus in re propri*a) é a propriedade, também designada como "domínio". O "Direito na Coisa Alheia" (*jus in re aliena*) é o direito de uma pessoa sobre coisas que não sejam de sua propriedade, como acontece na enfiteuse, servidão, usufruto, uso, habitação, rendas constituídas sobre imóveis, promessa irretratável de venda, penhor, hipoteca e anticrese.

1.3. Importância e abrangência do Direito das Coisas

É de primordial importância o Direito das Coisas perante os outros ramos do direito, porquanto as coisas constituem objeto de relações jurídicas. Quando se discute na Justiça uma questão, normalmente uma coisa está em jogo. No contrato de compra e venda há sempre como objeto uma coisa (*res*). No contrato de locação há uma coisa imóvel sendo locada. O mútuo é o empréstimo de dinheiro, que é uma coisa fungível. O comodato é o empréstimo de uma coisa não fungível. O penhor é uma coisa móvel dada em garantia, da mesma forma que a hipoteca uma coisa imóvel. O depósito é o contrato referente à entrega e guarda de uma coisa.

Vejamos a vida e a estruturação de uma empresa. Precisa ela de um imóvel em que possa se instalar; imóvel é uma coisa. Nesse imóvel se instalarão coisas móveis, como máquinas, equipamentos de escritório e outros. Comprar-se-á matéria-prima e se a transformará em produtos acabados. Talvez se mantenha uma frota de veículos, considerados coisas móveis. Pode ser que surjam conflitos jurídicos relacionados com essas coisas, ensejando direitos pessoais, mas oriundos de problemas relacionados às coisas.

No Direito de Família predominam os direitos pessoais, mas as coisas não deixam de participar desde o casamento, com o regime patrimonial. Há coisas que entram no patrimônio do casal, como imóveis, automóveis e outras. Se o casamento for dissolvido, haverá a partilha das coisas que o casal possuía. O Direito das Sucessões cuida principalmente sobre o destino das coisas da propriedade do *de cujus*. Nos outros ramos do direito sente-se ainda a importância das coisas. A desapropriação é o apossamento de uma coisa pelo Poder Público. O furto, o roubo e a apropriação indébita são crimes relacionados a coisas. O Direito Tributário cuida da arrecadação de dinheiro pelo Estado; leva-se em consideração que o dinheiro também é uma coisa móvel.

1.4. Exclusão da propriedade intelectual

Nosso antigo Código Civil disciplinava o regime jurídico dos bens imateriais, nos arts. 649 a 673, no capítulo "Da Propriedade Literária, Científica e Artística". Posteriormente, a Lei 5.988/73 estabeleceu amplas normas sobre o Direito do Autor, revogando então aqueles artigos. Os bens de natureza imaterial não mais pertencem ao Código Civil e sua disciplina jurídica encontra-se sistematizada em novo ramo do Direito Civil, denominado Direito do Autor. Em nosso país, esse ramo do direito tem como lei básica a Lei 5.988/73. Preferimos então não incluir seu estudo nesse trabalho por não o julgarmos parte integrante do Direito das Coisas.

Conforme houvéramos exposto, coisa é um bem material, concreto. Uma música, uma poesia, um livro, a imagem de um atleta como Pelé, uma idéia, também são bens. Não se incluem porém entre os bens materiais, concretos, sendo considerados bens de natureza intelectual. Não se pode tratar deles com os mesmos dogmas jurídicos com que se tratam as coisas corpóreas. Os códigos mais modernos não incluem tais problemas, ou seja, da propriedade imaterial, no Direito das Coisas, como o italiano e o português.

Quanto aos bens imateriais utilizados na atividade econômica produtiva, formaram eles o objeto de outro ramo do Direito, o Direito da Propriedade Industrial, hoje um importante ramo do Direito Empresarial. É o caso das marcas e patentes, bens imateriais, cuja disciplina distancia-se das normas e princípios do Direito das Coisas. O mesmo acontece no plano internacional, em que se estabeleceram convenções específicas, tanto quanto ao Direito do Autor como ao Direito da Propriedade Imaterial, que no direito brasileiro recebe o nome de Direito da Propriedade Industrial e, no plano internacional, principalmente de Direito da Propriedade Intelectual.

2. DA POSSE

2.1. Conceito e elementos da posse
2.2. Classificação da posse
2.3. Transformação da posse
2.4. A composse
2.5. Natureza jurídica da posse

2.1. Conceito e elementos da posse

A posse é a faculdade e o poder de uma pessoa de deter legalmente uma coisa, mantendo-a consigo e defendendo-a *erga omnes*. Nota-se a presença de dois elementos primordiais na posse: o *corpus* e o *animus*. O *corpus* é a detenção física da coisa, isto é, o possuidor mantém a coisa em suas mãos ou em sua companhia. É um fato exterior por se projetar sobre terceiros. O *corpus*, a detenção física, é o elemento material da posse.

O segundo elemento essencial da posse é o *animus*, a intenção do detentor da coisa em tê-la para si. Trata-se portanto de um elemento volitivo, por expressar a vontade do detentor da coisa. Age ele como se fosse dono da coisa, ainda que não o seja. Considera-se possuidor todo aquele que tem de fato o exercício, pleno ou não, de algum dos poderes inerentes ao domínio, ou propriedade (art. 1.196). Ficará mais apropriado chamarmos essa intenção de *animus domini* (intenção de ser o dono).

Imperiosa se torna a presença desses dois elementos, o material e o psicológico. A intenção de ter coisas, sem as possuir, constitui mera ambição; fato jurídico não é. Não é ainda posse a simples detenção de uma coisa, cuja propriedade é sabidamente de outrem. Não é possuidor aquele que, achando-se em relação de dependência para com outro, conserva a posse em nome deste e em cumprimento de ordens ou instruções suas. Por exemplo: certas empresas emprestam a seus executivos um automóvel que eles poderão manter em seu poder e deverão devolvê-lo quando for pedido. Ou então o motorista de uma empresa, que mantém em suas mãos um veículo, devendo devolvê-lo ao final do expediente. Outro exemplo: uma dona de casa compra uma geladeira e a loja que a vendeu encarrega seu empregado de entregar a coisa à compradora; esse empregado é apenas um detentor temporário dessa coisa, até entregá-la à verdadeira possuidora.

2.2. Classificação da posse

Vários tipos de posse existem, classificados quanto à perenidade, à forma de aquisição, à boa-fé. Às vezes, esses tipos coexistem, ou haverá mais de um possuidor. Do próprio art. 485 notaremos certas facetas da posse que nos levam a admitir modalidades diferentes quanto ao exercício dela. Diz o artigo: "considera-se possuidor todo aquele que tem de fato o exercício, pleno ou não, de algum dos poderes inerentes ao domínio, ou propriedade". Portanto existe a posse em que o possuidor exerce o poder de forma plena; outra há em que o possuidor a exerce de maneira parcial. É possível ainda que o possuidor exerça todos os poderes inerentes à posse, enquanto possuidor pode haver que exerça só alguns dos poderes.

Posse direta e indireta: a mais importante discriminação da posse revela-se no art. 1.197. Quando, por força de obrigação ou direito, em casos como o do usufrutuário, do credor pignoratício, do locatário, se exerce temporariamente a posse direta, não anula esta às pessoas, de quem elas a houveram, a posse indireta. Nesse aspecto, notamos a presença da posse temporária e da permanente. As categorias de posse que mais se ressaltam, no entanto, são a direta e a indireta. Compreenderemos melhor essas classes de posse, examinando alguns casos em que elas se verificam.

Pelo contrato de locação, o proprietário de uma coisa imóvel cede o uso desse imóvel a outra pessoa que o deterá e o usará durante determinado tempo. O verdadeiro possuidor é o locador por ser o proprietário da coisa, mas é o possuidor indireto, já que não detém a coisa. Por outro lado, o locatário é quem a detém e faz dela o uso, embora não lhe tenha o domínio: é o possuidor direto.

Examinemos outra hipótese: num contrato de mútuo, o devedor entrega ao credor uma coisa móvel para garantia do débito, como, por exemplo, uma jóia. O credor que tiver seu crédito garantido por penhor é, por isso, chamado de credor pignoratício (*pignus* = penhor). O proprietário dessa jóia entregue em penhor tem direitos de posse, tem o *animus domini*, mas não a tem consigo; é ele um possuidor indireto, mas não o detentor da coisa. Concomitantemente, há o possuidor direto, aquele que detém a coisa em seu poder e exerce sobre ela alguns poderes inerentes à posse; alguns, mas não todos. Releva notar que o possuidor direto é temporário.

A terceira ocorrência da posse direta e da indireta simultaneamente vai ocorrer no usufruto. Estamos nos antecipando no estudo de institutos próprios do Direito das Coisas, como o penhor e o usufruto, mas as circunstâncias nos obrigam a considerá-los. Vejamos um exemplo da aplicação do usufruto: uma pessoa faz doação de um imóvel a seu filho, mas com usufruto da mãe. O filho é proprietário e possuidor indireto. Contudo, quem deterá esse imóvel em seu poder será a mãe. Poderá ela morar no imóvel ou alugá-lo, auferindo os aluguéis. Ela é chamada de usufrutuária e o filho de nu-proprietário. Vemos, neste caso, a presença de dois possuidores, sendo a usufrutuária a possuidora direta, imediata, e o nu-proprietário indireto, mediato.

Essas três incidências de posses especiais não constituem um *numerus clausus*, mas são apenas exemplos, uma vez que há outras possibilidades de ocorrência. A posse direta é chamada ainda de imediata, permanente e originária, contrapondo-se à posse indireta, mediata, provisória e derivada. Encontramos nesse fenômeno jurídico a presença de dois possuidores, o que contraria a teoria da posse. Poderíamos, por outro lado, chamar o possuidor direto de detentor e o indireto de proprietário. Encontra-se muito bem exposta essa divisão da posse no art. 920 do Código Civil suíço:

Lorsque le possesseur remet la chose à un tiers pour lui conférer soit un droit de servitude ou de gage, soit un droit personnel, tous deux en ont la possession. Ceux qui possèdent à titre de propriétaire ont une possession originaire, les autres une possession derivé.	Desde que o possuidor entrega a coisa a um terceiro, conferindo-lhe seja um direito de uso ou de penhor, seja um direito pessoal, os dois terão a posse dessa coisa. Os que tiverem o título de proprietário conservam a posse originária; os outros a posse derivada.

Em seguida examinaremos outra classificação da posse, conforme haja nela vícios ou não. Sob esse critério, a posse é justa ou injusta. Justa é a posse límpida, isenta de vícios; revela-se de forma pacífica e mansa. É o poder e a faculdade do possuidor de usar, gozar e dispor da coisa, reivindicando-a de quem a detenha injustamente ou repelindo quem a ameace. É justa a posse que não for violenta, clandestina ou precária (art. 1.200). O critério para essa consideração é a maneira de aquisição da posse. Se a posse é adquirida de forma límpida, lícita, mansa e pacífica, é justa. A aquisição da posse está em conformidade com o direito, vale dizer, é adquirida por uma das formas admitidas pela lei.

A posse injusta, *contrario sensu*, será aquela que for adquirida em desconformidade com a lei. É a posse adquirida de forma ilícita, afrontosa ao direito. Nosso direito aponta três vícios que inquinam a posse: a violência, a clandestinidade e a precariedade. A posse injusta poderá ser, por conseguinte, violenta, clandestina e precária.

A posse violenta é a adquirida pela força. O possuidor legal não a cede, nem a transfere; é desapossado da coisa ao ser-lhe exercida pressão ilegal, contrariando sua vontade. A violência pode ser física (*vis absoluta*) ou moral (*vis compulsiva*). Neste caso, a posse é inquinada pela coação ilegal exercida contra o antigo possuidor, ainda que este último seja injusto possuidor: era injusta e continua injusta graças à violência.

A posse clandestina é a adquirida finoriamente, às ocultas, mediante fraude. Por exemplo: se alguém troca o motor novo de um automóvel e o substitui por outro desgastado, apossa-se de uma coisa sem conhecimento do proprietário dela, que foi iludido. A posse precária é normalmente adquirida por abuso de confiança, como na apropriação indébita. O invasor de um imóvel abandonado deterá a posse violenta se expulsar à força o antigo ocupante; se nele penetrar furtivamente, terá a posse clandestina; se ficou de guardá-lo, mas nele se instalou sem autorização do dono, terá a posse precária.

Sob o ponto de vista da subjetividade, a posse é de boa ou má-fé. Sendo a fé um sentimento, será muito difícil interpretá-la. Necessário se torna a exteriorização da boa ou má-fé em atos ou documentos que autorizem uma presunção. Dessa maneira, presume-se a boa-fé se o possuidor tem justo título. Aliás, declara a esse respeito o parágrafo único do art. 1.201 que o possuidor com justo título tem por si a presunção de boa-fé, salvo prova em contrário ou quando a lei expressamente não admite essa presunção.

A posse de boa-fé é semelhante à posse justa, como a de má-fé à injusta. Elas são semelhantes mas não iguais, por haver entre elas certas discrepâncias. Por exemplo: a posse com vício é injusta, mas pode ser de boa-fé de acordo com o estado de espírito do possuidor. É de boa-fé a posse se o possuidor ignora o vício ou o obstáculo que lhe impede a aquisição da coisa ou do direito possuído (art. 1.200). Destarte, se o possuidor ignora qualquer vício que inquine a posse e não tem em mira prejudicar outrem, é um possuidor de boa-fé. A boa-fé e a má-fé são subjetivas; poderá haver um vício objetivo, mas não subjetivo.

2.3. Transformação da posse

Decorre daí que uma pode transformar-se em outra. É possível que o possuidor de boa-fé venha a conhecer os vícios de sua posse e, mesmo assim, a conserva e defende. A posse de boa-fé só perde esse caráter no caso e desde o momento em que as circunstâncias façam presumir que o possuidor não ignora que possui indevidamente (art. 1.202). Desde o momento em que o possuidor de boa-fé fique sabendo que a posse é viciada e não corrige a irregularidade, ela se transforma em de má-fé. A dificuldade reside em precisar aquele momento em que fica evidenciada a ciência que o possuidor tomou dos vícios da posse.

Nosso código coíbe a possibilidade de "lavagem" da posse, isto é, de camuflar a posse injusta, ilegítima ou de má-fé. Salvo prova em contrário, entende-se manter a posse o mesmo caráter com que foi adquirida (art. 1.203). Por essa forma, se a posse foi adquirida mediante uso de violência e o possuidor transferiu-a posteriormente a um possuidor de boa-fé, permanece ela como posse violenta. O possuidor de boa-fé poderá sofrer ação judicial e poderá perder a posse, mesmo que a tenha adquirido de maneira regular. Poderá intentar, todavia, ação contra o antigo possuidor.

Quando o código diz "salvo prova em contrário", abre possibilidade de defesa para quem se viu desapossado de uma coisa. Essa prova deve comprovar que os vícios da posse já foram sanados; neste caso, perde ela o caráter com que fora adquirida. Por exemplo: se o possuidor provar que indenizou o primitivo possuidor esbulhado, legalizando a posse.

2.4. A composse

Quando examinamos a posse, direta e indireta, deparamo-nos com a possibilidade de dois possuidores exercerem a posse sobre a mesma coisa. Não é porém o único caso excepcional. Se duas ou mais pessoas possuírem coisa indivisa, ou estiverem no gozo do mesmo direito, poderá cada uma exercer sobre o objeto comum atos possessórios, contanto que não excluam os dos outros compossuidores (art. 1.199). É também um caso excepcional, pois o objeto da posse é exclusivo. Essa posse comum da mesma coisa é chamada de composse. Essa coisa, segundo prevê a lei, deve ser indivisa, em estado de indivisão. Por essa razão chamam-na de posse *pro indiviso*.

Examinaremos alguns casos em que se dá a composse. Marido e mulher, casados em regime de comunhão de bens, são donos dos mesmos bens. Os dois residem na casa de patrimônio comum, possuindo-a simultaneamente; os dois podem utilizar essa casa em comum. Caso semelhante é o do inventário, quando o *de cujus* tenha deixado uma casa, sendo 50% para sua mulher e 25% para cada um de seus dois filhos. Os três continuam morando na mesma casa; são ao mesmo tempo, co-proprietários e compossuidores, cada um tendo uma parte ideal do imóvel. Quando for feita a partilha deixam de ser co-herdeiros e a posse comum deve cessar. Outro caso de posse *pro indiviso* ocorre num prédio adquirido em condomínio; cada condômino tem a posse de sua parte ideal do terreno e das áreas comuns.

2.5. Natureza jurídica da posse

Encontram-se muitas dificuldades para se interpretar o conceito de posse, seus fundamentos e natureza jurídica. A delicadeza e a complexidade do tema provocaram o surgimento de várias teorias.

Uma delas, a teoria subjetiva, elaborada pelo preclaro jurista alemão Savigny, contrapõe-se à teoria de outro jurista, igualmente ilustre alemão, Rudolf von Ihering, denominada "objetiva". Diga-se, de passagem, que no Direito das Coisas os juristas alemães são insuperáveis, inclusive pelos seus pares italianos. Adicione-se ainda aos dois consagrados mestres o profundo cultor do Direito das Coisas, Ennecerus.

Desde o início do século passado desenvolveram-se na Alemanha profundos estudos do direito romano, tomando-se por base a legislação justinianéia, cujo livro primordial é chamado de *Digesto* ou *Pandectas*. Os cultores do direito romano foram chamados de pandectistas, entre os quais avultam Savigny e von Ihering. Em 1896 surge o Código Civil alemão, conhecido por BGB (*Burgerliches Gesetzbuch*), fruto dos estudos dos pandectistas. Esses fatos históricos não podem ser estranhos aos brasileiros, como veremos.

Concomitantemente, no século passado, a Faculdade de Direito de Recife vibrava sua vida acadêmica e fazia de Pernambuco o centro da cultura brasileira. O colégio dos padres beneditinos alemães em Recife cultivava o estudo do idioma alemão e da cultura germânica. Em decorrência, surgiu a chamada "Escola de Recife", um movimento empreendido por uma plêiade de pensadores impregnados da cultura alemã. Formavam essa plêiade o político e diplomata Joaquim Nabuco, o poeta Castro Alves, o filósofo Tobias Barreto, o crítico literário Sílvio Romero, e o principal deles em nosso interesse, o inolvidável jurista Clóvis Bevilaqua. O domínio do idioma alemão levou Clóvis Bevilaqua a embeber-se do BGB e da cultura alemã, e esse estudo está patente em nosso Código Civil de 1916 e no de 2002.

Iniciemos com a teoria subjetiva de Savigny, exposta em várias obras, mormente no seu *Tratado da Posse*, publicado em 1803. Savigny é romanista e trouxe para o direito moderno os elementos característicos da posse, latentes no direito romano: o *corpus* e o *animus*. Para Savigny, a posse é ao mesmo tempo um fato e um direito: um fato em si mesmo, mas nos efeitos que produz é um direito. A doutrina de Savigny não prepondera em nosso código, que adotou mais a de von Ihering, mas sua influência é marcante; os dois elementos fundamentam nossa doutrina.

Nosso direito deixou-se influenciar pela teoria objetiva de von Ihering, exposta principalmente em sua obra *Espírito do Direito Romano*. Essa doutrina procura caracterizar bem a posse e a propriedade, distinguindo-as, embora, na maioria dos casos, o proprietário de uma coisa seja também seu possuidor. A posse injusta, por exemplo, a violenta, a clandestina e a precária, revelam um conflito de interesses entre o proprietário e o possuidor, tanto que o direito regulamenta as ações possessórias, com lutas travadas entre proprietário e possuidor.

A posse é o poder de fato; a propriedade o poder de direito. O direito de propriedade acarreta o direito de posse, direito esse que pode ser transferido. Se o proprietário transfere a outrem a posse da coisa, como no contrato de locação, o locatário terá a posse justa; adquire o direito de possuir. Se a posse é transferida ordinariamente por um contrato, ela assume nesse caso o caráter de uma relação jurídica. É a natureza jurídica da posse: uma relação contratual.

Olhada por outro ângulo, a posse é um direito de uso de gozo ou de fruição. O proprietário tem o direito de usar a coisa que possui, auferindo os benefícios dela pessoalmente. Essa utilização econômica da coisa possuída pode ser direta, imediata ou real. No caso de um imóvel, por exemplo, o possuidor poderá morar nele, portanto gozando de sua utilização. Uma indústria, dotada de equipamentos de produção, aciona esses equipamentos produzindo bens que lhe proporcionam lucros. Há outra forma de utilização econômica da coisa possuída: o direito de transferir a posse a terceiros, de forma gratuita ou onerosa. Dá-se então a posse jurídica ou mediata.

Pelo acima exposto, a natureza jurídica da posse ficou evidenciada: é o exercício do poder sobre uma coisa, poder este correspondente ao direito de propriedade. Ao contrário da teoria subjetiva da Savigny, a teoria de von Ihering não exige o *animus domini*. Essa doutrina se faz sentir no art. 1.196:

"Considera-se possuidor todo aquele que tem de fato o exercício, pleno ou não, de algum dos poderes inerentes ao domínio, ou propriedade".

Novo Código Civil

LIVRO III

Do Direito das Coisas

TÍTULO I

Da posse

CAPÍTULO I

Da Posse e sua Classificação

Art. 1.196. Considera-se possuidor todo aquele que tem de fato o exercício, pleno ou não, de algum dos poderes inerentes à propriedade.

Art. 1.197. A posse direta, de pessoa que tem a coisa em seu poder, temporariamente, em virtude de direito pessoal, ou real, não anula a indireta, de quem aquela foi havida, podendo o possuidor direto defender a sua posse contra o indireto.

Art. 1.198. Considera-se detentor aquele que, achando-se em relação de dependência para com outro, conserva a posse em nome deste e em cumprimento de ordens ou instruções suas.

Parágrafo único. Aquele que começou a comportar-se do modo como prescreve este artigo, em relação ao bem e à outra pessoa, presume-se detentor, até que prove o contrário.

Art. 1.199. Se duas ou mais pessoas possuírem coisa indivisa, poderá cada uma exercer sobre ela atos possessórios, contanto que não excluam os dos outros compossuidores.

Art. 1.200. É justa a posse que não for violenta, clandestina ou precária.

Art. 1.201. É de boa-fé a posse, se o possuidor ignora o vício, ou o obstáculo que impede a aquisição da coisa.

Parágrafo único. O possuidor com justo título tem por si a presunção de boa-fé, salvo prova em contrário, ou quando a lei expressamente não admite esta presunção.

Art. 1.202. A posse de boa-fé só perde este caráter no caso e desde o momento em que as circunstâncias façam presumir que o possuidor não ignora que possui indevidamente.

Art. 1.203. Salvo prova em contrário, entende-se manter a posse o mesmo caráter com que foi adquirida.

3. DA AQUISIÇÃO E PERDA DA POSSE

3.1. Os modos de aquisição
3.2. Aquisição por herança
3.3. Os abalos na posse
3.4. Modos originários e derivados
3.5. Da perda da posse
3.6. A perda de direitos
3.7. Recuperação da posse de coisas móveis

3.1. Os modos de aquisição

Como se adquire a posse é o tema tratado pelos arts. 1.204 a 1.209, apresentando os modos de aquisição da posse, como importante elemento, a hora da aquisição, pois é a partir desse momento que surtem os efeitos. Nosso código fala de duas modalidades de aquisição chamadas de originárias e derivadas. Ocorre a posse originária quando não conta ela com a concordância do possuidor anterior. As maneiras originárias de aquisição da posse são três, a saber:

I – pela apreensão da coisa, ou pelo exercício do direito;
II – pelo fato de se dispor da coisa, ou do direito;
III – por qualquer dos modos de aquisição em geral.

Analisemos essas formas:

I – A aquisição da posse pela apreensão da coisa é a ação física, o apoderamento real da coisa. Presume-se que seja possuidor quem tenha a coisa em seu poder, como a roupa do corpo, um carro, a casa onde mora. Necessário porém que essa posse se opere dentro das normas legais. Outra forma prevista é pelo exercício do direito, o *usus* que o possuidor faz da coisa. Se alguém mora num imóvel, por exemplo, fica exteriorizada a posse que o morador tem desse imóvel. O mesmo acontece com o locatário; no momento em que ele adentra o imóvel locado, exerce seu direito, o que caracteriza a posse.

II – A segunda forma de aquisição é a disposição da coisa ou do direito. Pode parecer incoerência que a disposição de uma coisa seja a revelação da posse; todavia, só pode dispor de uma coisa quem a tem.

III – Adquire-se ainda a posse por qualquer ato jurídico translativo de bens corpóreos e incorpóreos. É extenso o rol desses atos, mas podemos indicar os principais. Um é pela compra e venda de uma coisa ou o recebimento da coisa de presente, mais precisamente, pela doação. Outra forma será o recebimento por herança. Poderá ainda ser por sentença judicial. Essa terceira forma representa usualmente o modo derivado de aquisição, porquanto há o consentimento do antigo possuidor, normalmente com a tradição.

Outra forma de aquisição da posse não prevista pelo Código, é pelo constituto possessório. É conhecido também como cláusula *constituti*, porque é cláusula de contrato translativo da propriedade. Pelo constituto possessório, um possuidor transfere a posse de uma coisa a outra pessoa, mas na transferência há uma cláusula em que a posse é devolvida. Passa então a ter a posse em nome de outra pessoa em virtude de uma convenção. É um instituto pouco aplicado, mas encontrado em certos casos de venda ou locação de imóveis: o proprietário de uma casa vende-a para outra pessoa, perdendo pois a propriedade e a posse dessa casa; entretanto, o comprador autoriza o vendedor a manter-se na casa. O vendedor passa a ser o possuidor direto e o comprador indireto.

A posse é um direito de qualquer cidadão, capaz ou incapaz. Sendo capaz, há aquisição pessoal da coisa, ou seja, pode a posse ser adquirida pela própria pessoa que a pretende. Se for incapaz a pessoa que pretende a posse, poderá adquiri-la por intermédio de outra pessoa, como seu procurador ou seu representante legal (pai ou responsável). Poderá ainda ser adquirida por um representante sem procuração; neste caso, deverá ser ratificada pelo possuidor.

3.2. Aquisição por herança

Considera-se ainda um modo de aquisição da posse a transmissão de coisas por herança. Por exemplo: falece um possuidor e sua viúva assume imediatamente a posse de seus bens. Essa questão é tratada pelo Direito das Sucessões; inclui a sucessão como modo de aquisição. Aliás, o Código Civil francês trata dessa questão no Direito das Coisas e não no Direito das Sucessões, pois considera a herança como forma de aquisição da propriedade. A posse transmite-se com os mesmos caracteres aos herdeiros e legatários do possuidor (art. 1.206). De certa forma, essa disposição aplica-se num caso específico, um princípio geral de que se entende manter a posse o mesmo caráter com que foi adquirida. Assim, se ao morrer o *de cujus* mantinha uma posse clandestina, ela continua, nas mãos da viúva, como clandestina.

O sucessor universal continua de direito a posse do seu antecessor, para os efeitos legais (art. 1.207). Estamos em face de dois tipos de sucessores: o singular e o universal. O sucessor singular é quem recebe bens determinados, chamados de "legado", donde a designação também de legatário. Por exemplo, o de *cujus* deixa para seu sucessor um terreno. O sucessor singular ou legatário terá duas opções, sendo-lhe facultado unir sua posse à do anterior, realizando a acessão de uma a outra. Ele fica como continuador da posse antiga, aproveitando-se do tempo; se ele quiser, por exemplo, requerer usucapião do terreno, aproveitará esse tempo. Se, contudo, ele não exercer essa opção, equipara-se ao sucessor universal. O sucessor universal é quem recebe todos os bens do antecessor, ou então todos os bens do seu quinhão, e não uma coisa determinada.

3.3. Os abalos na posse

Não induzem posse os atos de mera permissão ou tolerância, assim como não autorizam a sua aquisição os atos violentos ou clandestinos, senão depois de cessar a violência ou a clandestinidade (art. 1.208). A posse precária permanece apenas quando há a aquiescência do proprietário da coisa; portanto, o detentor nem sequer pode ser considerado possuidor. Nosso código abre ainda a possibilidade de legalização da posse, que nos parece conflitante com os princípios já expostos. Senão, vejamos: atos violentos ou clandestinos levam a uma posse violenta ou clandestina; porém, cessando a violência ou a clandestinidade, será possível transformá-la em posse legítima.

Conforme vimos, em várias passagens, os móveis existentes num imóvel normalmente aderem e se incorporam a ele. A posse de um imóvel faz presumir, até prova contrária, a dos móveis e objetos que nele estiverem (art. 1.209). É o caso de árvores, plantações e construções. Aplica-se nesse caso o princípio de que o acessório segue o principal (*accessorium sequitur principale*). Entretanto, "faz presumir, até prova contrária"; é portanto presunção *juris tantum*.

3.4. Modos originários e derivados

Os diversos modos de aquisição da posse, analisados anteriormente, amoldam-se em duas espécies: originária e derivada. Observa-se o modo originário de aquisição da posse, quando não há a participação e concordância do possuidor antecedente. Dá-se a apropriação direta da coisa por ato unilateral do adquirente. Existem três modos originários:
— apreensão da coisa;
— exercício do direito;
— disposição da coisa ou do direito.

O modo derivado acontece quando a posse é transferida por outra pessoa, ou seja, há o consentimento do possuidor antecedente. A aquisição da posse, por esse meio, processa-se por ato bilateral, enquanto que a aquisição originária perfaz-se por ato unilateral. Há, portanto, uma posse anterior, e para a sua aquisição participam dois possuidores. Há três modos de aquisição originários:
— tradição;
— constituto possessório;
— sucessão.

3.5. Da perda da posse

Se a posse se caracteriza por dois elementos essenciais, *corpus* e *animus*, presume-se que a subtração de um desses elementos revelará a perda da posse. Esta é a visibilidade do domínio e por isso o possuidor da coisa deverá agir em relação a ela como se fosse seu proprietário. Há quatro modos de perda da posse:

I — pelo abandono;
II — pela tradição;
III — pela perda, ou destruição delas, ou por serem postas fora do comércio;
IV — pela posse de outrem, ainda contra a vontade do possuidor, se este não foi manutenido, ou reintegrado em tempo competente;
V — pelo constituto possessório.

Se o proprietário de uma coisa a abandona revela o *animus* de não mais a possuir. Ao abandoná-la perde também o *corpus*. Não é possível haver posse sem seus dois elementos essenciais. É o caso dos materiais jogados no saco de lixo e colocados na rua. Passa a ser coisa abandonada (*res derelictae*) e quem se apossar dela transformar-se-á em dono, como fazem os catadores de jornais e garrafas.

O segundo modo de perda da posse é a tradição. No contrato de compra e venda o vendedor despoja-se dela, perdendo a posse. No contrato de locação o locador transmite o imóvel ao locatário, da mesma forma que no mútuo há a tradição do dinheiro. Com a tradição, subtraem-se o *corpus* e o *animus*.

3.6. A perda de direitos

De três maneiras ainda se perde a posse. A destruição da coisa tem o mesmo efeito que a perda; se uma coisa for destruída, perece seu objeto e portanto o direito. Com a destruição desaparece o *corpus*, a posse física. O mesmo acontece com a perda da coisa; perdeu-se uma coisa objeto da posse, é como se ela fosse destruída, pois desapareceu também o *corpus*. A outra maneira é a colocação da coisa fora do comércio. É o que se dá com a desapropriação para uso público. Por exemplo: um terreno é desapropriado para alargamento de uma rua; o dono desse terreno perdeu a posse dele.

Da posse pela posse de outrem, ainda contra a vontade do possuidor, se este não foi manutenido ou reintegrado em tempo competente. Deste modo, alguém move uma ação possessória contra o possuidor primitivo, conseguindo a coisa pretendida; o antigo possuidor tem contra si a procedência da ação, perdendo a posse da coisa disputada.

A última forma da perda da posse, prevista pelo código, é pelo constituto possessório. Esse modo pede explicação bem precisa. Examinaremos a hipótese da venda de uma casa: o vendedor vende esse imóvel, mas ajusta com o comprador a continuação dele na casa até achar outra que possa ocupar. O contrato de compra e venda traz uma cláusula chamada *constituti*. Por essa cláusula vendedor e comprador estabelecem a tradição convencional, uma tradição ficta, vale dizer, o vendedor transfere o imóvel *pro forma*, mas continua nele. O comprador do imóvel tem o *animus possidenti*, ou seja, quer o imóvel, embora concorde com a permanência dele em poder de outrem. Por sua vez, o vendedor do imóvel, pela *constituti*, reconhece que conserva o imóvel em seu poder, mas tem sobre ele apenas um direito de uso. Para o vendedor, essa posse é precária. O constituto possessório é, ao mesmo tempo, um modo de aquisição e de perda da posse. O vendedor perdeu a posse ao transferir o imóvel ao comprador, mas adquiriu-a pela cláusula *constituti*. Por seu turno, o comprador adquiriu a posse ao comprar o imóvel, mas perdeu-a no mesmo ato.

3.7. Recuperação da posse de coisas móveis

Coisas móveis, incluindo-se nessa designação títulos ao portador, podem extraviar-se, por furto ou pela perda ou por qualquer outro motivo. O possuidor poderá então fazer valer seus direitos tentando recuperar o que saiu da sua posse. Aquele que tiver perdido, ou a quem houverem sido furtados, coisa móvel, ou título ao portador, pode reavê-los da pessoa que os detiver, salvo a esta o direito regressivo contra quem lhos transferiu. Sendo o objeto comprado em leilão público, feira ou mercado, o dono que pretender a restituição é obrigado a pagar ao possuidor o preço por que o comprou. O Código Civil prevê o direito substantivo, mas o Código de Processo Civil regulamenta o *modus faciendi* desse direito, num capítulo denominado "Da Ação de Anulação e Substituição de Títulos ao Portador", com os arts. 907 a 913.

A recuperação da posse perdida é direito concedido a quem ficou tolhido de ação, no caso de não estar presente, quando, tendo notícia da ocupação, se abstém de retomar a coisa, ou, tentando recuperá-la, é violentamente repelido (art. 1.224). É o caso de um imóvel vago, cujo proprietário estiver ausente e que furtivamente alguém ocupa. Considera a lei que não há nesse caso perda da posse, podendo o possuidor requerer medidas policiais para a expulsão do invasor. Entretanto, ao tomar conhecimento da invasão, não toma as medidas imediatas para a recuperação do imóvel; a posse será então considerada perdida. Ou, ao tentar retomá-la, recebeu violenta reação, impedindo acesso à coisa; será a posse considerada perdida.

Novo Código Civil

CAPÍTULO II

Da Aquisição da Posse

Art. 1.204. Adquire-se a posse desde o momento em que se torna possível o exercício, em nome próprio, de qualquer dos poderes inerentes à propriedade.

Art. 1.205. A posse pode ser adquirida:
I – pela própria pessoa que a pretende ou por seu representante;
II – por terceiro sem mandato, dependendo de ratificação.

Art. 1.206. A posse transmite-se aos herdeiros ou legatários do possuidor com os mesmos caracteres.

Art. 1.207. O sucessor universal continua de direito a posse do seu antecessor; e ao sucessor singular é facultado unir sua posse à do antecessor, para os efeitos legais.

Art. 1.208. Não induzem posse os atos de mera permissão ou tolerância assim como não autorizam a sua aquisição os atos violentos, ou clandestinos, senão depois de cessar a violência ou a clandestinidade.

Art. 1.209. A posse do imóvel faz presumir, até prova contrária, a das coisas móveis que nele estiverem.

CAPÍTULO IV

Da Perda da Posse

Art. 1.223. Perde-se a posse quando cessa, embora contra a vontade do possuidor, o poder sobre o bem, ao qual se refere o art. 1.196.

Art. 1.224. Só se considera perdida a posse para quem não presenciou o esbulho, quando, tendo notícia dele, se abstém de retornar a coisa, ou, tentando recuperá-la, é violentamente repelido.

4. DOS EFEITOS JURÍDICOS DA POSSE

4.1. A turbação e o esbulho
4.2. As ações possessórias
4.3. Percepção dos frutos
4.4. Indenização dos prejuízos
4.5. Direito de retenção
4.6. Responsabilidade pela coisa possuída

4.1. A turbação e o esbulho

A posse produz uma larga pluralidade de efeitos, muitos deles difíceis de serem mensurados, tal a sua amplitude. Entre os efeitos da posse, figura a obtenção do direito de requerer usucapião da coisa possuída – mas esta merece estudo à parte, em vista da complexidade desse instituto e de outros efeitos alheios à posse. Os efeitos principais e mais numerosos são os relacionados à defesa da posse. Quem possui coisas atrai a inveja e a cobiça sobre si, podendo sofrer agressões de diversos matizes. É possível que a posse seja molestada ou ameaçada, ataque esse chamado de turbação. Os atos turbativos da posse são muitos. Toda turbação da posse é um ato injusto; não será turbação um ato legal ou um mandado judicial, mesmo que venham eles a incomodar o exercício da posse. A turbação será positiva quando o turbador agride a posse, embora sem usurpá-la; será negativa se os atos turbativos tolhem o possuidor de exercer a posse.

O esbulho é a usurpação da posse. É um ato ilegal e violento pelo qual o esbulhador desapossa o possuidor de uma coisa. Ao contrário da turbação, o esbulho arrebata a coisa das mãos do possuidor. Aliás, esbulho origina-se etimologicamente de *spolium*, donde esbulhar é o mesmo que espoliar. Portanto, pode ser importunada a posse pela turbação ou pelo esbulho. O possuidor tem direito a ser mantido na posse, em caso de turbação, e restituído, no de esbulho (art. 1.210). A lei confere assim ao possuidor o direito de defender a sua posse. Se a posse estiver sendo contestada por outra pessoa que alegue direitos a ela, o ponto de partida da discussão deve ser o respeito à posse no estado em que ela se encontra. Quando mais de uma pessoa se disser possuidora, manter-se-á provisoriamente a que detiver a coisa, não sendo manifesto que a obteve das outras por modo vicioso (art. 1.211). A tutela da posse se dá pelas ações possessórias, regulamentadas pelos arts. 920 a 933 do Código de Processo Civil.

4.2. As ações possessórias

Para a proteção da posse, faculta a lei ao possuidor o *remedium juris* conveniente. O possuidor que tenha justo receio molestado na posse poderá impetrar ao juiz que o segure da violência iminente, cominando pena a quem lhe transgredir o preceito. Estamos aqui em face da turbação. O *remedium juris* específico contra a turbação é chamado de "interdito proibitório", previsto no art. 932 do Código de Processo Civil: o possuidor direto ou indireto, que tenha justo receio de ser molestado na posse, poderá impetrar ao juiz que o segure da turbação ou esbulho iminente, mediante mandado proibitório, em que comine ao réu determinada pena pecuniária, caso transgrida o preceito.

A luta pela posse justifica-se como meio de justiça pelas próprias mãos. Amparado pelo direito positivo, o possuidor tem força moral para fazer com que seu direito seja respeitado. O possuidor turbado, ou esbulhado, poderá manter-se ou restituir-se por sua própria força, contanto que o faça logo. Os atos de defesa, ou de desforço, não podem ir além do indispensável à manutenção ou restituição da posse (art. 1.210). Outrossim, é conveniente citar que agressões à posse de alguém, sem motivo legal, constitui ilícito penal, previsto pelo Código Penal. O interdito proibitório não se aplica a casos concretos de turbação, mas apenas, ao "justo receio de ser molestado na posse". São os casos em que não há violência contra a posse.

Caso haja violência contra a posse, mas sem arrebatá-la, cabe outro interdito: ação de manutenção da posse. Não houve esbulho, mas apenas tentativa dele. Há uma turbação da posse, mas turbação material, concreta. Esse interdito era chamado no direito romano de *retinendae possessionis* e também tinha o objetivo atual de garantir a posse àquele que a tem.

Se houver perda da posse, vale dizer, o possuidor teve a posse subtraída ilegalmente, houve esbulho. Nessa hipótese a ação possessória adequada é a Ação de Recuperação da Posse (*recuperandae possessionis*). Quando o possuidor tiver sido esbulhado será reintegrado na posse, desde que o requeira, sem ser ouvido o autor do esbulho antes da reintegração. Poderá pois o esbulhado requerer a reintegração como medida liminar.

As ações possessórias, como o próprio nome diz, referem-se apenas à posse e não ao domínio ou à propriedade, apesar da intimidade entre os dois institutos. Nada obsta à manutenção, ou reintegração na posse, a alegação do domínio ou de outro direito sobre a coisa. Não se deve, entretanto, julgar a posse em favor daquele a quem evidentemente não pertencer o domínio (art. 1.210). Há portanto dois institutos distintos que não se confundem nas ações possessórias, pelo que estabelecia o *Digesto*: "separata esse debet possessio a proprietate". Todavia, é possível que uma das partes discuta o direito de posse fundado na sua condição de proprietário, isto é, querendo que seu direito de domínio gere o direito de posse. Nessas condições, a lei não só reconhece o domínio como fundamento de ação possessória, mas garante vantagem ao titular do domínio. É louvável essa disposição: se duas partes disputam a posse de uma coisa, sendo uma delas a proprietária dessa coisa, é lógico que esta reunirá maiores direitos.

Na disputa da posse, levar-se-á ainda em consideração o tempo de manutenção dela, mais precisamente se for menor ou maior de um ano. Na posse de menos de ano e dia, nenhum possuidor será manutenido, ou reintegrado judicialmente, senão contra os que não tiverem melhor posse. Entende-se melhor a posse que se fundar em justo título; na falta de título, ou sendo os títulos iguais, a mais antiga; se da mesma data, a posse atual. Mas, se todas forem duvidosas, será seqüestrada a coisa, enquanto se não apurar a quem toque. Estamos tratando de uma ação possessória, quer de manutenção, quer de reintegração de posse, em que a coisa esteja nas mãos do possuidor há menos de um ano. Ainda há dúvidas sobre o direito à posse, dúvidas que serão dirimidas com a sentença judicial, mas não se deve desapossar ninguém, a não ser que haja outrem com mais direitos comprovados, vale dizer, que tenha títulos evidentes de seu direito à posse.

4.3. Percepção dos frutos

Normalmente, o possuidor tem o direito de usar a coisa, enquanto o proprietário o de gozar dela. Poderá o proprietário, outrossim, ao transferir a posse a outrem, conservar nela alguns direitos de gozo. Por exemplo, o locatário poderá sublocar o imóvel, percebendo aluguéis do sublocatário. Os frutos de uma coisa são os lucros ou vantagens que essa coisa proporciona. De acordo com o ângulo pelo qual sejam analisados, os frutos podem ser de vários tipos, como naturais, industriais e civis.

São frutos naturais os bens acessórios que uma coisa produz. Um terreno pode ter uma árvore frutífera; essa árvore é fruto do terreno. A árvore poderá produzir frutos ou mudas; trata-se então de frutos das árvores. Os frutos industriais contam com o lavor do homem; é fruto da natureza que produz a matéria-prima, mas a ação do homem a transforma em outro produto. Assim, a água é um produto natural, bem como o guaraná, que é uma fruta natural da região amazônica. O refrigerante de guaraná é porém um fruto industrial, por ter sido produzido pelo trabalho humano. Os frutos civis são os previstos pela lei, como juros de dinheiro emprestado. Outro exemplo é o dos dividendos proporcionados pelas ações de uma S/A. Os frutos naturais e industriais reputam-se colhidos e percebidos logo que são separados. Os civis reputam-se percebidos dia por dia (art. 1.215).

O possuidor de boa-fé tem direito, enquanto ela durar, aos frutos percebidos (art.1.214). Está levantado um aspecto importante na questão: a posse de boa ou má-fé. O que seja posse de boa-fé não é difícil de conceituar, pois a própria lei a conceitua. Será de boa-fé a posse julgada legítima pelo possuidor, sem que ele saiba de qualquer vício que a macule. Cessa a boa-fé quando o possuidor ficar ciente de que ela é viciada e, mesmo assim, a mantém. O problema maior é, contudo, o de fixar o momento em que cessa a boa-fé e começa a má-fé.

Olhando os frutos sob outro aspecto, podem eles ser pendentes, percipiendos e percebidos. São pendentes os frutos ainda não percebidos, nem separados da coisa. Percipiendos, os que não foram percebidos, embora já estivessem à disposição do possuidor da coisa, ou seja, já poderiam ser percebidos. De acordo com esses tipos de frutos, corresponder-lhes-ão certas disposições legais. Os frutos pendentes ao tempo em que cessar a boa-fé devem ser restituídos, depois de deduzidas as despesas de produção e custeio. Devem ser também restituídos os frutos colhidos com antecipação (art. 1.214). Desde o momento em que a posse foi exposta como viciada, cessando portanto a boa-fé, o possuidor não poderá mais perceber os frutos pendentes. Os frutos que já tiver colhido na fase da má-fé e os colhidos por antecipação precisam ser devolvidos.

Enquanto for de boa-fé, o possuidor tem direito à percepção dos frutos da coisa possuída. Esse direito cessa quando cessar a boa-fé e constituirá abuso a percepção dos frutos desde aquele momento. O possuidor de má-fé responde por todos os frutos colhidos e percebidos, bem como pelos que, por culpa sua, deixou de perceber, desde o momento em que se constituiu de má-fé; tem direito, porém, às despesas da produção e custeio (art. 1.214).

4.4. Indenização dos prejuízos

O possuidor manutenido ou reintegrado na posse tem direito à indenização dos prejuízos sofridos, operando-se a reintegração à custa do esbulhador, no mesmo lugar do esbulho. Toda coisa tem um valor econômico; quem a possui deve auferir dela uso ou proveito. Ao ser arrebatada ilegalmente uma coisa de seu possuidor, terá ele prejuízos vários. Decidida judicialmente a ilegalidade da agressão à posse, é evidente a responsabilidade do turbador ou esbulhador por esses prejuízos. A indenização pode ser reclamada não só contra o turbador e o esbulhador, mas também contra os colaboradores deles. O possuidor pode intentar a ação de esbulho, ou a de indenização, contra o terceiro que recebeu a coisa esbulhada, sabendo que o era (art. 1.212). Esse terceiro é, nos termos da lei, um possuidor de má-fé por manter uma posse viciada.

O possuidor de boa-fé que tiver perdido a posse terá direito a indenização pelas benfeitorias que introduzir na coisa possuída. Retornemos rapidamente à consideração das benfeitorias, tratadas na Parte Geral do Código Civil e analisadas no 1º volume desta coleção, denominado *Teoria Geral do Direito Civil*. Benfeitorias são as modificações introduzidas na coisa, com o fim de conservá-la, melhorá-la e embelezá-la. Consoante a finalidade, as benfeitorias podem ser necessárias, úteis e voluptuárias, e o regime jurídico de cada uma delas será diferente. O possuidor de boa-fé tem direito à indenização das benfeitorias necessárias e úteis, bem como, quanto às voluptuárias, se lhe não forem pagas, a levantá-las, quando o puder sem detrimento da coisa. Pelo valor das benfeitorias necessárias e úteis, poderá exercer o direito de retenção (art. 516).

Veja-se bem a diversidade de tratamento: as despesas necessárias e úteis são colocadas em pé de igualdade, mas as voluptuárias são tratadas de outra forma. O possuidor de boa-fé tem o direito à indenização das benfeitorias necessárias e úteis. Se tiver introduzido benfeitorias na coisa, poderá retirá-las, desde que não prejudique a coisa beneficiada.

Essa faculdade é porém concedida apenas ao possuidor de boa-fé. Ao possuidor de má-fé serão ressarcidas somente as benfeitorias necessárias; mas não lhe assiste o direito de retenção pela importância destas, nem o de levantar as voluptuárias (art. 1.220). Justo é o direito do possuidor de má-fé em receber indenização pelo que despendeu na conservação da coisa alheia em seu poder. Evitando que a coisa deteriorasse, ao investir na conservação da coisa alheia, o possuidor de má-fé foi zeloso com o que não lhe pertencia, beneficiando o proprietário dela ou o possuidor subseqüente. Quanto às benfeitorias úteis e voluptuárias, o possuidor de má-fé perde o direito à indenização, passando essas para a propriedade do titular do domínio.

4.5. Direito de retenção

Outro efeito da posse, intimamente ligado ao aspecto da indenização, é o direito de retenção da coisa. É direito inerente ao possuidor de boa-fé, negado ao de má-fé. Quem pretende a posse de uma coisa e a consegue judicialmente adquire o direito de assenhorar-se dela; mas se for condenado a ressarcir o antigo possuidor pelas benfeitorias, está na obrigação de pagar. Surgem para ele créditos e débitos. O reivindicante obrigado a indenizar as benfeitorias tem direito d-)ptar entre o seu valor atual e o seu custo (art. 1.222). ͡   o valor a ser pago, assume a obrigação de pagá-lo.
     ˙ pois com ambos, o possuidor antigo e o novo, na
          dores e devedores recíprocos. As benfeitorias com-

pensam-se com os danos, e só obrigam ao ressarcimento se ao tempo da evicção ainda existirem (art. 1.221). Essa compensação pode ser exigida pelo antigo possuidor de boa-fé. Se o seu crédito não for satisfeito, tem ele o direito à retenção da coisa até que a compensação se faça. O *jus retentionis* é um dos efeitos da posse e fundamenta-se no princípio da eqüidade.

Esse direito deve ser exercido com a devida prudência e nos casos de decisão judicial, como, por exemplo, se for a posse modificada por efeito da evicção. A compensação não pode ser exercida *manu militari* pelo possuidor. É preciso que a sentença judicial, com trânsito em julgado, determine a perda da posse e para outrem, mas indenização para o antigo possuidor. Aplica-se apenas a retenção legal.

4.6. Responsabilidade pela coisa possuída

Quem detiver a posse de uma coisa que não seja sua tem a obrigação de devolvê-la ao seu legítimo proprietário ou a quem lhe concedeu a posse. Enquanto mantiver a coisa em seu poder deverá o possuidor tratá-la como se sua fosse, mantendo o zelo necessário à integridade da coisa possuída; é a característica do *animus domini*.

Ao perder a posse, o antigo possuidor irá devolvê-la no estado em que se encontra, mas, muitas vezes, não é no estado em que a recebeu. Até mesmo não devolverá a coisa, por dela nada ter sobrado, por destruição total. Há responsabilidade do possuidor pela guarda e conservação da coisa, devendo entregá-la incólume ao reivindicante, ou seja, a quem a sentença judicial aponta como o novo titular da posse.

A responsabilidade da posse varia de acordo com a sua posição de boa ou má-fé. O possuidor de boa-fé não responde pela perda ou deterioração da coisa a que não der causa (art. 1.217). As coisas deterioram-se naturalmente com o tempo; não poderá o possuidor responsabilizar-se por essa deterioração, a menos que tenha agido de má-fé, com dolo ou culpa. O possuidor de má-fé responde pela perda ou deterioração da coisa, ainda que acidentais, salvo se provar que do mesmo modo se teriam dado, estando ela na posse do reivindicante (art.1.218). Mesmo ao possuidor de má-fé a lei concede um direito: poderá eximir-se de responsabilidade se provar que a deterioração da coisa dar-se-ia fatalmente, ainda que estivesse na posse de outra pessoa. Seria o caso de um telhado que ruiu por ser excessivamente velho. Ou então um caso fortuito ou de força maior, como uma plantação que tivesse sido destruída por uma tempestade.

Novo Código Civil

CAPÍTULO III

Dos Efeitos da Posse

Art. 1.210. O possuidor tem direito a ser mantido na posse em caso de turbação, restituído no de esbulho, e segurado de violência iminente, se tiver justo receio de ser molestado.

§ 1º O possuidor turbado, ou esbulhado, poderá manter-se ou restituir-se por sua própria força, contanto que o faça logo; os atos de defesa, ou de desforço, não podem ir além do indispensável à manutenção, ou restituição da posse.

§ 2º Não obsta à manutenção ou reintegração na posse a alegação de propriedade, ou de outro direito sobre a coisa.

Art. 1.211. Quando mais de uma pessoa se disser possuidora, manter-se-á provisoriamente a que tiver a coisa, se não estiver manifesto que a obteve de alguma das outras por modo vicioso.

Art. 1.212. O possuidor pode intentar a ação de esbulho, ou a de indenização, contra o terceiro, que recebeu a coisa esbulhada sabendo que o era.

Art. 1.213. O disposto nos artigos antecedentes não se aplica às servidões não aparentes, salvo quando os respectivos títulos provierem do possuidor do prédio serviente, ou daqueles de quem este o houve.

Art. 1.214. O possuidor de boa-fé tem direito, enquanto ela durar, aos frutos percebidos.

Parágrafo único. Os frutos pendentes ao tempo em que cessar a boa-fé devem ser restituídos, depois de deduzidas as despesas da produção e custeio; devem ser também restituídos os frutos colhidos com antecipação.

Art. 1.215. Os frutos naturais e industriais reputam-se colhidos e percebidos, logo que são separados; os civis reputam-se percebidos dia por dia.

Art. 1.216. O possuidor de má-fé responde por todos os frutos colhidos e percebidos, bem como pelos que, por culpa sua, deixou de perceber, desde o momento em que se constituiu de má-fé; tem direito às despesas da produção e custeio.

Art. 1.217. O possuidor de boa-fé não responde pela perda ou deterioração da coisa, a que não der causa.

Art. 1.218. O possuidor de má-fé responde pela perda, ou deterioração da coisa, ainda que acidentais, salvo se provar que de igual modo se teriam dado, estando ela na posse do reivindicante.

Art. 1.219. O possuidor de boa-fé tem direito à indenização das benfeitorias necessárias e úteis, bem como, quanto às voluptuárias, se não lhe forem pagas, a levantá-las, quando o puder sem detrimento da coisa, e poderá exercer o direito de retenção pelo valor das benfeitorias necessárias e úteis.

Art. 1.220. Ao possuidor de má-fé serão ressarcidas somente as benfeitorias necessárias; não lhe assiste o direito de retenção pela importância destas, nem o de levantar as voluptuárias.

Art. 1.221. As benfeitorias compensam-se com os danos, e só obrigam ao ressarcimento se ao tempo da evicção ainda existirem.

Art. 1.222. O reivindicante, obrigado a indenizar as benfeitorias ao possuidor de má-fé, tem o direito de optar entre o seu valor atual e o seu custo; ao possuidor de boa-fé indenizará pelo valor atual.

Observação:
Para melhor advertência, será bom ressaltar o significado que nosso Código e demais leis dão a certas palavras. Prédio é imóvel, ainda que seja constituído só de terreno, sem construções. Prédio rústico é o imóvel destinado à exploração agropecuária. Prédio urbano é o imóvel situado no perímetro urbano. Rural é o imóvel

situado fora do perímetro urbano, ainda que não seja utilizado para atividades rurais; é a localização que lhe dá essa classificação.

Uma chácara, por exemplo, situada na cidade, no perímetro urbano, é prédio rústico.

Vem essa terminologia do direito romano, passando pelas Ordenações do Reino, pelo antigo código e permanecendo no atual.

5. DA PROPRIEDADE

5.1. Conceito de propriedade e domínio
5.2. Características do domínio

5.1. Conceito de propriedade e domínio

A propriedade é outro instituto do Direito das Coisas bem mais avançado do que a posse. Tão absorvente é a sua influência que os direitos reais se confundem com a propriedade. O Código Civil italiano adota o nome "Da Propriedade" para o capítulo que o nosso chama "Do Direito das Coisas". Pelas disposições do direito de vários países, a propriedade é um direito ou um complexo de direitos. A propriedade é também chamada de domínio, embora essa última expressão seja aplicada por muitos juristas apenas a coisas, a bens corpóreos. Propriedade é termo mais genérico, de aplicação mais ampla, tanto que o art. 485 utiliza as duas expressões: "domínio, ou propriedade".

A propriedade então vem a ser o poder e o direito do proprietário sobre uma coisa. É direito sólido, amplo, exclusivo, a ponto de o Código Civil francês chamá-lo de absoluto. Outrora foi definido como *jus utendi, fruendi et abutendi* (direito de gozar, fruir e abusar de uma coisa). Passaram-se os séculos e esse conceito não sofreu muitas modificações. Dos que arremeteram contra ele, muitos morreram pelo atrevimento. Projetou-se em nosso direito e está materializado no Código Civil: "A lei assegura ao proprietário o direito de usar, gozar e dispor de seus bens, e de reavê-los do poder de quem quer que injustamente os possua".

Os doutrinadores modernos parecem seguir esse critério, apresentando discrepâncias muito leves. Ressaltam, porém, que esse poder não é assim absoluto, pois a própria lei impõe restrições quanto ao uso desse direito, inclusive a legislação brasileira. O Código Civil francês faz referência a essas limitações de ordem legal, mas fortifica muito a extensão desse direito ao atribuir-lhe características de "absoluto", como se vê no art. 544:

| La proprieté est le droit de jouir e disposer des choses de la manière la plus absolue, pourvu qu'on en fasse pas un usage prohibé par les lois ou par les règlements. | A propriedade é o direito de gozar e dispor das coisas da maneira mais absoluta, desde que delas não se faça uso proibido pela lei ou pelos regulamentos. |

O Código Civil italiano é mais suave, substituindo o termo "absoluto" por "pleno e exclusivo", no art. 832.

Contenuto del diritto	Conteúdo do direito
Il proprietario ha diritto di godere e disporre delle cose in modo pieno e modo esclusivo, entro i limiti e con l'osservanza degli obblighi dall'ordinamento giuridico.	O proprietário tem direito de gozar e dispor das coisas de pleno e exclusivo, dentro dos limites e com a observância das obrigações estabelecidas pelo ordenamento jurídico.

Nota-se que desde o direito romano a propriedade não se confunde com a posse. Distinta da propriedade, trata-se esta de um poder jurídico (*dominium*) coexistente ou não com o poder de fato (*possessio*). Esse poder tem várias características: ele é pleno, pois o domínio exerce-se diretamente sobre a coisa na sua totalidade. Por isso, os franceses consideram-no absoluto. Outra característica dele é ser extenso, tão extenso que o direito não se dá ao trabalho de enumerar seus efeitos, preferindo determiná-los de forma negativa, ou seja, indicando o que não faz parte desse direito. Há uma relação de absoluta sujeição da coisa ao dono, simbolizada no aforismo romano: *res mea est* (a coisa é minha). Todavia, os romanos tinham um outro adágio: *est modus in rebus* (haja moderação nas coisas). Esse poder absoluto do proprietário sobre a coisa não deve ser exagerado. A expressão *abutere* (abusar) significa a disponibilidade, a faculdade de se desfazer da coisa, e não o sentido vulgarmente adotado em nossos dias. A expressão "gozar" tem o sentido de poder explorar a coisa economicamente, como no caso do aluguel.

Usaremos a expressão "propriedade" como sinônimo do "domínio", pois estamos cuidando do Direito das Coisas, consideradas as coisas corpóreas. Está fora de nossas cogitações a propriedade de bens incorpóreos, como a propriedade literária, artística e científica e a propriedade industrial, esta última pertencente ao Direito Empresarial. Por essa razão, usaremos de preferência o termo "domínio" aplicado exclusivamente a coisas.

5.2. Características do domínio

Característica do domínio é a plenitude. Segundo diz o art. 832 do Código Civil italiano, o proprietário, ou *dominus*, pode gozar das coisas de modo pleno e exclusivo. A consideração de plenitude pode ser encontrada em nosso Código Civil. É plena a propriedade quando todos os seus direitos elementares se acham reunidos no do proprietário; limitada, quando tem ônus real ou é resolúvel. Estudaremos mais tarde a propriedade resolúvel e o ônus real. Considera-se assim a propriedade plena como sendo a livre de gravames, podendo o proprietário dispor dela livremente. O contrário de plena é a limitada, por estar a coisa comprometida. É o caso de uma coisa entregue em penhor; o proprietário só poderá dispor dela mediante certas condições.

No tocante aos imóveis, nossa lei lhe dá a característica de extensão, de amplitude. A propriedade do solo abrange a do que lhe está superior e inferior em toda a altura e em toda a profundidade úteis ao seu exercício, não podendo, todavia, o proprietário opor-se a trabalhos que sejam empreendidos a uma altura ou profundidade tais que não tenha ele interesse algum em impedi-los (art. 1.229). Essa é outra maneira de se projetar a extensão da propriedade; trata-se aqui de uma extensão física. O domínio sobre um terreno não é apenas sobre a superfície do terreno, mas sobre o espaço acima dessa superfície e sobre o subsolo, sem limite (*Qui dominus est soli, dominus est usque ad coelum et usque ad inferos* – Quem for proprietário da superfície do solo é também proprietário até o céu e até o interior da terra).

Em nossos dias essa disposição está em desuso. Numerosas leis foram delimitando de tal forma o direito do domínio que este tornou-se um estorvo para os imóveis. Por exemplo: se em um terreno jorrar petróleo, o proprietário praticamente o perderá, pois o petróleo é um monopólio estatal. O Código de Águas declara a água um bem distinto do solo, não tendo poder sobre ela o proprietário do terreno por onde ela passa. Pelo Código de Mineração, as jazidas também são distintas do solo. O Código Florestal proíbe ação sobre a natureza e o Código de Caça e Pesca proíbe a caça de certas espécies ou em certas regiões. O céu também não pertence ao proprietário do terreno; o Código Brasileiro de Aeronáutica assegura a passagem de aviões e não permite construções em áreas vizinhas a aeroportos.

Além de pleno, o poder sobre a coisa é exclusivo. A propriedade presume-se exclusiva até prova em contrário (art. 1.231). Uma coisa não pode pertencer com exclusividade e simultaneamente a mais de uma pessoa. Mesmo no caso de um condomínio, existe a divisão em partes ideais que a cada condômino caiba. Cada um tem um quinhão exclusivo.

Consta do conceito de propriedade o *jus fruendi*, a faculdade de gozar da coisa, ou seja, auferir lucros, como no caso do aluguel. Os frutos e demais produtos da coisa pertencem, ainda quando separados, ao seu proprietário, salvo se, por motivo jurídico, especial, houverem de caber a outrem (art. 1.232). O *jus fruendi*, voltamos a afirmar, não é absoluto como parece, mas encontra limitações na lei, consoante diz o art. 544 do Código Civil francês, "desde que delas não se faça uso proibido pela lei ou pelos regulamentos" e o art. 832 do Código Civil italiano "dentro dos limites e com a observância das obrigações estabelecidas pelo ordenamento jurídico".

As restrições ao uso absoluto da propriedade encontraram eco nos §§ 1º e 2º do art. 1.228 do NCC, que não constavam no antigo código.

Novo Código Civil

TÍTULO II

Dos Direitos Reais

CAPÍTULO ÚNICO

Disposições Gerais

Art. 1.225. São direitos reais:
I –   a propriedade;

II – a superfície;
III – as servidões;
IV – o usufruto;
V – o uso;
VI – a habitação;
VII – o direito do promitente comprador do imóvel;
VIII – o penhor;
IX – a hipoteca;
X – a anticrese.

Art. 1.226. Os direitos reais sobre coisas móveis, quando constituídos, ou transmitidos por atos entre vivos, só se adquirem com a tradição.

Art. 1.227. Os direitos reais sobre imóveis constituídos, ou transmitidos por atos entre vivos, só se adquirem com o registro no Cartório de Registro de Imóveis dos referidos títulos (arts. 1.245 a 1.247), salvo os casos expressos neste Código.

TÍTULO III

Da Propriedade

CAPÍTULO I

Da Propriedade em Geral

Seção I

Disposições Preliminares

Art. 1.228. O proprietário tem a faculdade de usar, gozar e dispor da coisa, e o direito de reavê-la do poder de quem quer que injustamente a possua ou detenha.

§ 1º. O direito de propriedade deve ser exercido em consonância com as suas finalidades econômicas e sociais e de modo que sejam preservados, de conformidade com o estabelecido em lei especial, a flora, a fauna, as belezas naturais, o equilíbrio ecológico e o patrimônio histórico e artístico, bem como evitada a poluição do ar e das águas.

§ 2º. São defesos os atos que não trazem ao proprietário qualquer comodidade, ou utilidade, e sejam animados pela intenção de prejudicar outrem.

§ 3º. O proprietário pode ser privado da coisa, nos casos de desapropriação, por necessidade ou utilidade pública ou interesse social, bem como no de requisição, em caso de perigo público iminente.

§ 4º. O proprietário também pode ser privado da coisa se o imóvel reivindicado consistir em extensa área, na posse ininterrupta e de boa-fé, por mais de cinco anos, de considerável número de pessoas, e estas nela houverem realizado, em conjunto ou separadamente, obras e serviços considerados pelo juiz de interesse social e econômico relevante.

§ 5º. No caso do parágrafo antecedente, o juiz fixará a justa indenização devida ao proprietário; pago o preço, valerá a sentença como título para o registro do imóvel em nome dos possuidores.

Art. 1.229. A propriedade do solo abrange a do espaço aéreo e subsolo correspondentes, em altura e profundidade úteis ao seu exercício, não podendo o proprietário opor-se a atividades que sejam realizadas, por terceiros, a uma altura ou profundidade tais, que não tenha ele interesse legítimo em impedi-las.

Art. 1.230. A propriedade do solo não abrange as jazidas, minas e demais recursos minerais, os potenciais de energia hidráulica, os monumentos arqueológicos e outros bens referidos por leis especiais.

Parágrafo único. O proprietário do solo tem o direito de explorar os recursos minerais de emprego imediato na construção civil, desde que não submetidos a transformação industrial, obedecido o disposto em lei especial.

Art. 1.231. A propriedade presume-se plena e exclusiva, até prova em contrário.

Art. 1.232. Os frutos e mais produtos da coisa pertencem, ainda quando separados, ao seu proprietário, salvo se, por preceito jurídico especial, couberem a outrem.

Seção II

Da Descoberta

Art. 1.233. Quem quer que ache coisa alheia perdida há de restituí-la ao dono ou legítimo possuidor.

Parágrafo único. Não o conhecendo, o descobridor fará por encontrá-lo, e, se não o encontrar, entregará a coisa achada à autoridade competente.

Art. 1.234. Aquele que restituir a coisa achada, nos termos do artigo antecedente, terá direito a uma recompensa não inferior a cinco por cento do seu valor, e à indenização pelas despesas que houver feito com a conservação e transporte da coisa, se o dono não preferir abandoná-la.

Parágrafo único. Na determinação do montante da recompensa, considerar-se-á o esforço desenvolvido pelo descobridor para encontrar o dono, ou o legítimo possuidor, as possibilidades que teria este de encontrar a coisa e a situação econômica de ambos.

Art. 1.235. O descobridor responde pelos prejuízos causados ao proprietário ou possuidor legítimo, quando tiver procedido com dolo.

Art. 1.236. A autoridade competente dará conhecimento da descoberta através da imprensa e outros meios de informação, somente expedindo editais se o seu valor os comportar.

Art. 1.237. Decorridos sessenta dias da divulgação da notícia pela imprensa, ou do edital, não se apresentando quem comprove a propriedade sobre a coisa, será esta vendida em hasta pública e, deduzidas do preço as despesas, mais a recompensa do descobridor, pertencerá o remanescente ao Município em cuja circunscrição se deparou o objeto perdido.

Parágrafo único. Sendo de diminuto valor, poderá o Município abandonar a coisa em favor de quem a achou.

6. DA PROPRIEDADE IMÓVEL

6.1. Coisas móveis e imóveis
6.2. Da aquisição da propriedade imóvel
6.3. Da aquisição pela transcrição do título

6.1. Coisas móveis e imóveis

Em nosso compêndio *Teoria Geral do Direito Civil* fizemos estudo dos bens móveis e imóveis, seguindo a ordem de nosso Código Civil ao cuidar dos bens. Estudaremos agora as coisas móveis e imóveis, uma vez que normas diferentes regem a aquisição desses dois tipos de coisas e são tratadas pelo nosso código em capítulos distintos. Vamos rememorar um pouco a questão. O direito romano já tinha previsto essa distinção desde seus primórdios, ao dividir as coisas em *mancipi* e *nec mancipi*. A *res mancipi*, que hoje corresponde a imóvel, tinha circulação mais formal e a regularidade da transferência dava-lhe mais segurança e garantia. Transferia-se a *res mancipi* por atos solenes, como a *mancipatio* ou a *in jure cessio*.

Por outro lado, a *res nec mancipi*, modernamente as coisas móveis, transferem-se pela simples tradição (*traditio*). No período áureo de Roma, notou-se o surgimento das expressões *res mobiles* (coisa móvel) para designar a *res nec mancipi* e *res immobiles* para designar a *res mancipi*. A mudança de nome, no decorrer dos séculos, não modificou o sentido de coisas móveis e imóveis. Permaneceu essa designação e esse conceito nas legislações modernas de origem romana. Reflexos dessa divisão das coisas, móveis e imóveis, iremos encontrar não só no Direito das Coisas, como no Direito de Família, no Direito Empresarial, no Direito Tributário e em outros.

6.2. Da aquisição da propriedade imóvel

As formas de aquisição da propriedade imóvel apresentam também uma distinção que a própria lei deixa antever e a doutrina consagrou. São os modos originário e derivado. O originário representa a aquisição direta, isto é, sem a interposição de outra pessoa. Nesse modo, o adquirente faz seu o imóvel, sem que lhe seja este transmitido por outrem. É o caso da ocupação e da acessão, que estudaremos em seguida. O derivado implica na transferência do imóvel por outra pessoa ao adquirente. O adquirente não é pois o primeiro proprietário. É o caso da transcrição e da tradição.

Os *modus aquisicionis* da propriedade imóvel encontram-se definidos na lei. Adquire-se a propriedade imóvel de quatro maneiras:

I – pela transcrição do título de transferência no Registro do Imóvel (art. 1.245);
II – pela acessão (formação de ilhas, aluvião, avulsão, abandono do álveo, construção de obras e plantações) (art. 1.248);
III – pela usucapião (art. 1.238);
IV – pelo direito hereditário (sucessão).

6.3. Da aquisição pela transcrição do título

Esse *modus aquisicionis* é peculiar à aquisição de coisas imóveis. Opera-se pelo registro ou averbação no órgão competente, cuja regulamentação foi elaborada pela Lei dos Registros Públicos (Lei 6.015/73) nos arts. 167 a 288. Estão sujeitos à transcrição, no respectivo registro, os títulos translativos da propriedade imóvel por ato entre vivos. Serão também transcritos.

I – os julgados, pelos quais, nas ações divisórias, se puser termo à indivisão;
II – as sentenças, que, nos inventários e partilhas, adjudicarem bens de raiz em pagamento das dívidas da herança;
III – a arrematação e as adjudicações em hastas públicas.

Com o advento da Lei dos Registros Públicos a transcrição e a inscrição de imóveis passaram a chamar-se simplesmente registro. Criou ainda essa lei a averbação, assim considerada a anotação que se faz, no registro, de qualquer fato que o modifique. Por exemplo: um imóvel está registrado em nome de um proprietário, mas este morre deixando o imóvel à sua esposa, conforme sentença judicial que determina a adjudicação do imóvel à herdeira. Essa sentença deverá ser "averbada" no registro de imóveis, vale dizer, será anotada no registro modificando-o com a alteração do nome do proprietário.

O art. 167 da Lei dos Registros Públicos enumera 34 atos obrigados a registro e 15 atos obrigados à averbação. Entre eles, devem ser registrados na Circunscrição Imobiliária: o bem de família; as hipotecas legais, judiciais e convencionais; o penhor industrial; penhora, arresto e seqüestro de imóveis; as servidões; o usufruto, as rendas constituídas sobre imóveis; enfiteuse e anticrese; incorporações e convenções de condomínio; loteamentos urbanos e rurais; sentenças de inventários, arrolamentos e partilhas; dote; legados; arrematação e adjudicação em hasta pública; sentenças declaratórias de usucapião; compra e venda, doação, troca, dação em pagamento de imóveis; desapropriação de imóvel.

Devem ser averbados: convenções antenupciais e regime de bens diversos do legal, desde que haja imóveis ou direitos reais; cancelamento e extinção dos ônus e direitos reais: cédulas hipotecárias; sentenças de separação, divórcio ou anulação de casamento se houver imóveis na partilha; mudança de denominação e de numeração de prédios; edificação, reconstrução, demolição e desmembramento de imóveis; alteração do nome e estado civil do proprietário.

Os atos sujeitos a registro não transferem o domínio senão da data em que se transcreverem (art. 1.245). Em nosso direito o domínio só se transfere pelo registro do título e não pelo próprio título. Por esta forma, se o adquirente do imóvel, por uma escritura pública ou por um contrato de compra, não registra esses documentos na Circunscrição Imobiliária, não é titular do domínio sobre o imóvel adquirido. Se o vendedor realizar uma segunda venda a outra pessoa e esta registrar o contrato na Circunscrição Imobiliária, o primeiro comprador não poderá mais adquirir o domínio do imóvel. A transcrição datar-se-á do dia em que se apresentar o título ao oficial do registro e este o prenotar no protocolo (art. 1.246). Desde que o título de propriedade seja entregue na Circunscrição Imobiliária e registrado no protocolo, já está garantido do domínio, a menos que os documentos não sejam hábeis.

Ao ter às mãos o título de aquisição do imóvel, isto é, o documento legítimo da aquisição, deverá o adquirente promover o registro dele na Circunscrição Imobiliária, cujo processo está regulado pela Lei dos Registros Públicos, nos arts. 182 a 216. Obtendo o registro, terá o domínio do imóvel e livrar-se-á de percalços. É possível que o alienante do imóvel venha a falecer antes do registro ou, se o vendedor do imóvel for uma empresa, poderá entrar em concordata ou falência. Sobrevindo falência ou insolvência do alienante entre a prenotação do título e a sua transcrição por atraso do oficial, ou dúvida julgada improcedente, far-se-á, não obstante, a transcrição exigida, que retroage, nesse caso, à data da prenotação. Se, porém, ao tempo da transcrição ainda não estiver pago o imóvel, o adquirente, logo que for notificado da falência ou tenha conhecimento da insolvência do alienante, depositará em juízo o preço.

Para melhor compreensão desse assunto examinaremos uma hipotética ocorrência, uma vez que a questão é atingida pela Lei de Falências, o que a torna mais complexa. A empresa Ômega Ltda. vende um imóvel a Ulpiano com pagamento à vista. Ulpiano protocola o contrato de compra e venda na Circunscrição Imobiliária para registro. Enquanto se processa o registro, Ômega Ltda. tem sua falência decretada. Nesse caso, o registro será feito mesmo sem a intervenção da vendedora falida, pois o título de aquisição já fora protocolado e o preço já fora pago. Se, entretanto, o preço foi para ser pago em dez prestações, e Ulpiano tenha pago a primeira antes da falência, deverá ele depositar no juízo da falência as outras nove prestações.

Novo Código Civil

CAPÍTULO II

Da Aquisição da Propriedade Imóvel

Seção I

Da Usucapião

Art. 1.238. Aquele que, por quinze anos, sem interrupção, nem oposição, possuir como seu um imóvel, adquire-lhe a propriedade, independentemente de título e boa-fé; podendo requerer ao juiz que assim o declare por sentença, a qual servirá de título para o registro no Cartório de Registro de Imóveis.

Parágrafo único. O prazo estabelecido neste artigo reduzir-se-á a dez anos se o possuidor houver estabelecido no imóvel a sua moradia habitual, ou nele realizado obras ou serviços de caráter produtivo.

Art. 1.239. Aquele que, não sendo proprietário de imóvel rural ou urbano, possua como sua, por cinco anos ininterruptos, sem oposição, área de terra em zona rural não superior a cinqüenta hectares, tornando-a produtiva por seu trabalho ou de sua família, tendo nela sua moradia, adquirir-lhe-á a propriedade.

Art. 1.240. Aquele que possuir, como sua, área urbana de até duzentos e cinqüenta metros quadrados, por cinco anos ininterruptamente e sem oposição, utilizando-a para sua moradia ou de sua família, adquirir-lhe-á o domínio, desde que não seja proprietário de outro imóvel urbano ou rural.

§ 1º. O título de domínio e a concessão de uso serão conferidos ao homem ou à mulher, ou a ambos, independentemente do estado civil.

§ 2º. O direito previsto no parágrafo antecedente não será reconhecido ao mesmo possuidor mais de uma vez.

Art. 1.241. Poderá o possuidor requerer ao juiz seja declarada adquirida, mediante usucapião, a propriedade imóvel.

Parágrafo único. A declaração obtida na forma deste artigo constituirá título hábil para o registro no Cartório de Registro de Imóveis.

Art. 1.242. Adquire também a propriedade do imóvel aquele que, contínua e incontestadamente, com justo título e boa-fé, o possuir por dez anos.

Parágrafo único. Será de cinco anos o prazo previsto neste artigo se o imóvel houver sido adquirido, onerosamente, com base no registro constante do respectivo cartório, cancelada posteriormente, desde que os possuidores nele tiverem estabelecido a sua moradia, ou realizado investimentos de interesse social e econômico.

Art. 1.243. O possuidor pode, para o fim de contar o tempo exigido pelos artigos antecedentes, acrescentar à sua posse a dos seus antecessores (art. 1.207), contanto que todas sejam contínuas, pacíficas e, nos casos do art. 1.242, com justo título e de boa-fé.

Art. 1.244. Estende-se ao possuidor o disposto quanto ao devedor acerca das causas que obstam, suspendem ou interrompem a prescrição, as quais também se aplicam à usucapião.

Seção II

Da Aquisição pelo Registro do Título

Art. 1.245. Transfere-se entre vivos a propriedade mediante o registro do título translativo no Registro de Imóveis.

§ 1º. Enquanto não se registrar o título translativo, o alienante continua a ser havido como dono do imóvel.

§ 2º. Enquanto não se promover, por meio de ação própria, a decretação de invalidade do registro, e o respectivo cancelamento, o adquirente continua a ser havido como dono do imóvel.

Art. 1.246. O registro é eficaz desde o momento em que se apresentar o título ao oficial do registro, e este o prenotar no protocolo.

Art. 1.247. Se o teor do registro não exprimir a verdade, poderá o interessado reclamar que se retifique ou anule.

Parágrafo único. Cancelado o registro, poderá o proprietário reivindicar o imóvel, independentemente da boa-fé ou do título do terceiro adquirente.

7. DA AQUISIÇÃO POR ACESSÃO

7.1. Conceito e modalidades
7.2. Das ilhas
7.3. Da aluvião
7.4. Da avulsão
7.5. Do álveo abandonado
7.6. Das construções e plantações

7.1. Conceito e modalidades

Acessão tem o sentido de união de coisas. Juridicamente é um modo originário de aquisição da propriedade imóvel pelo qual passa para o domínio do proprietário do imóvel tudo que se une, que adere naturalmente a esse imóvel. Por exemplo: o proprietário de um imóvel à beira de um rio nota que as águas foram trazendo terras das outras margens, que foram aderindo ao seu terreno. Essa aderência de terra estranha aumentou seu terreno em mais um metro; além disso, as águas trouxeram a muda de uma árvore frutífera, que medrou em seu terreno. Pela acessão, o proprietário adquire o domínio sobre esse metro a mais em seu terreno, sobre a árvore e seus frutos. A árvore e as terras uniram-se indissoluvelmente ao terreno, formando um todo orgânico.

Consoante o art. 1.248, a aquisição por acessão pode dar-se de cinco maneiras, todas elas previstas na antiga Roma:

I — pela formação de ilhas (*insula in flumine nata*);
II — pela aluvião (*alluvio*);
III — pela avulsão (*avulsio*);
IV — pelo abandono de álveo (*alveus derelictus*);
V — pela construção ou plantações (*inaedificatio et plantatio*).

7.2. Das ilhas

Em princípio, pessoa privada não pode ser dona de ilha, pois elas devem pertencer ao domínio público. Casos há porém em que uma ilha pode ser propriedade privada, dependendo de sua localização e da maneira pela qual ela se forma. As ilhas situadas nos rios não-navegáveis pertencem aos proprietários ribeirinhos fronteiros (art. 1.249). As ilhas junto à costa, por conseguinte, não podem pertencer a pessoas privadas. Nem as ilhas situadas em rios navegáveis, como a ilha do Bananal, considerada a maior ilha fluvial do mundo.

Afora as disposições do art. 1.249, a questão das ilhas fluviais está também prevista no Código de Águas (Decreto 24.643/34). Pelo que dispõem essas normas, várias situações se oferecem. Se uma ilha se forma pela acumulação de terra e cascalho que se acumula no meio de um rio não-navegável, ou seja, um rio particular, essa ilha pertencerá ao dono das terras em que o rio estiver situado. Se houver um dono em uma margem e outro na outra margem, a ilha pertencerá aos dois, na proporção de suas testadas, até a linha que divida o álveo em duas partes iguais. Se porém a ilha formar-se, não pelo acúmulo de terra, mas pelo desgarramento de um pedaço do terreno ribeirinho, a ilha pertencerá ao dono do terreno do qual a ilha se desgarrou. É muito difícil compreender esse problema sem uma ilustração. Vamos ler e interpretar vários desenhos nos termos do art. 1.249 do Código Civil e arts. 23 e 24 do Código de Águas.

Neste caso, a ilha formou-se no meio do rio em que uma das margens pertence a Gaio e a outra a Paulo. Esta ilha pertencerá aos dois na proporção das testadas, ou seja, de acordo com seus limites (art. 23, § 1º do Código de Águas).

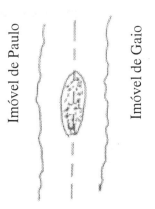

Figura A

A ilha não se formou no meio do rio, mas ao lado da linha divisória do álveo. Ficou totalmente ao lado do terreno de Gaio. Deverá então pertencer totalmente a ele (art. 23, § 2º do Código de Águas).

Figura B

Nesta figura, um pedaço do terreno de Paulo foi aos poucos removido pela água, formando uma ilha no meio do rio. Essa ilha deverá pertencer a Paulo, pois desgarrou-se totalmente do terreno dele (art. 24 do Código de Águas).

7.3. Da aluvião

Figura C

Aluvião é uma palavra feminina que designa o paulatino acréscimo de terras que um rio vai depositando às suas margens. Com o tempo, esses acréscimos se fazem notar, aumentando a superfície do terreno. Às vezes, o rio se desloca um pouco, deixando maior a margem de um terreno; esse aumento da margem representa também uma aluvião. Um conceito mais técnico de aluvião é encontrado no art. 16 do Código de Águas (Dec. 24.643/34):

> "Constituem 'aluvião' os acréscimos que sucessiva e imperceptivelmente se formarem para a parte do mar e das correntes aquém do ponto a que chegar a preamar média, ou do ponto médio das enchentes ordinárias, bem como a parte do álveo que se descobrir pelo afastamento das águas".

Vamos nos antecipar um pouco ao estudo do álveo, em virtude de ter sido utilizado esse termo. Considera-se álveo o terreno coberto pelas águas do rio, de uma margem à outra. Se o rio diminui o volume das águas, surge um terreno seco junto às margens; essa pequena faixa de terreno é considerada aluvião. A aluvião pode também formar-se às margens do mar. Todavia, aumentará os terrenos de marinha, que são bens *extra commercium*, do domínio público, não constituindo "coisas"; por isso ficam fora de nosso estudo, devendo encarregar-se deles o Direito Administrativo.

Os acréscimos formados por depósitos e aterros naturais, ou pelo desvio das águas dos rios, ainda que estes sejam navegáveis, pertencem aos donos dos terrenos marginais (art. 1.250). Se os terrenos marginais não forem do domínio de pessoas privadas, o acréscimo pela aluvião será do domínio público. Digamos ainda que junto à margem situa-se uma estrada de uso público; neste caso, o acréscimo resultante da aluvião pertencerá à estrada, ou seja, ao domínio público. Nota-se até agora que a lei só fala em água corrente, aos rios, riachos e cachoeiras, mas é possível que o aumento do terreno se dê junto às margens de um lago por retração de águas paradas. Os donos dos terrenos que confinem com águas dormentes, como as de lagos e tanques, não adquirem o solo descoberto pela retração delas, nem perdem o que elas invadirem (art. 539). Nesse caso, portanto, não há aluvião, pois essa forma de aquisição da propriedade imóvel só ocorre em águas correntes.

Quando o terreno aluvial se formar em frente a prédios de proprietários diferentes, dividir-se-á entre eles, na proporção da testada de cada um sobre a antiga margem; respeitadas as disposições concernentes à navegação (art. 1.250). A expressão "prédios" não se refere a construções, mas a imóveis. Lógico é que, se a aluvião aumentar as margens de terreno pertencente a vários donos, cada um se beneficiará com esse aumento.

É conveniente frisar que a aluvião processa-se de forma suave, lenta e sucessiva. Se for um pedaço de terra, de porte razoável, arrancado de forma violenta, já é avulsão, que será analisada adiante. Conforme diz o art. 16 do Código de Águas, a formação da aluvião é sucessiva e imperceptível. Essas características já tinham sido realçadas no *Digesto* e no art. 556 do Código Civil francês, o código napoleônico:

| Les atterissements et accroissements que se forment successivement et imperceptiblement aux fonds riverains d'un fleuve ou d'une rivière, s'appellent alluvion. | Os aterros e acréscimos que se formam sucessivamente e imperceptivelmente às bordas ribeirinhas de um rio ou de um riacho chamam-se aluvião. |

7.4. Da avulsão

A avulsão tem muita semelhança com a aluvião e por isso as normas de uma aplicam-se à outra. Há contudo uma diferença frisante: a avulsão é o deslocamento repentino e violento de um pedaço de terra, que é levado para outro imóvel, aderindo a este último. Diferentemente, a aluvião se processa de forma paulatina e suave. Quando, por força natural violenta, uma porção de terra se destacar de um prédio e se juntar a outro, poderá o dono do primeiro reclamá-lo do segundo, cabendo a este a opção em aquiescer a que se remova a parte acrescida ou indenizar ao reclamante (art. 1.251). A avulsão pode, pois, causar um conflito entre o prejudicado – ou seja, aquele de cujo imóvel foi arrancado um pedaço – e o beneficiário da avulsão, cujo terreno foi enriquecido. Entretanto, não cabe culpa a este último, pois a avulsão é um fenômeno natural. Mesmo assim, deverá ele permitir que o prejudicado remova a porção desfalcada do imóvel, podendo exigir a cobertura das despesas que tiver de reembolsar. Por outro lado, goza ele do direito de opção entre duas alternativas: pedir a remoção da porção aderida ao seu imóvel, ou, então, acrescentá-la ao seu patrimônio. Neste último caso, estará obrigado a indenizar o prejudicado; deu-se assim a acessão por avulsão.

O prejudicado terá entretanto um prazo decadencial para exigir a opção do beneficiário. Se ninguém reclamar dentro de um ano, considerar-se-á definitivamente incorporada essa porção de terra ao prédio onde se acha, perdendo o proprietário do terreno desfalcado o direito a reivindicá-la, ou ser indenizado. Nota-se, na clara redação da lei, ter esse instituto um prazo nitidamente decadencial.

A avulsão é um fenômeno natural de remoção de terras que aderem a outro terreno. Não há avulsão de objetos que não se incorporem naturalmente, como por exemplo uma carroça. Quando a avulsão for de coisa não suscetível de aderência natural, aplicar-se-á o disposto quanto às coisas perdidas. Objetos não aderentes são considerados, para esse efeito, coisas perdidas, e como tais, se achadas, devem ser devolvidos ao seu legítimo dono.

7.5. Do álveo abandonado

O álveo de um rio é o terreno, mais aprofundado, em que as águas correm. Os limites do álveo são as duas margens e sua superfície a distância entre as margens. Se um rio passa no meio de um imóvel o proprietário desse imóvel é também do álveo, pois o terreno é um só, tendo uma parte seca e outra coberta pela água. O mesmo critério adota-se no caso de haver um lago no meio de um imóvel. Conceito bem claro do álveo nos é dado pelo art. 9º do Código de Águas: "Álveo é a superfície que as águas cobrem sem transbordar para o solo natural e ordinariamente enxuto". Constitui assim o álveo a parte submersa do imóvel.

O álveo abandonado do rio público ou particular pertence aos proprietários ribeirinhos das duas margens, sem que tenham direito a indenização alguma os donos dos terrenos por onde as águas abrirem novo curso. Entende-se que os prédios marginais se estendem até o meio do álveo (art. 1.252). Cogita nossa lei da possibilidade de um rio secar, por suas águas terem sido desviadas para outro local. O álveo então fica seco, sendo designado juridicamente "álveo abandonado"; abandonado pelas águas e não pelas pessoas. Não se confunde pois com "abandono de álveo".

Enquanto as águas correm, os proprietários dos imóveis junto às margens não podem ser donos do rio, nem do leito em que as águas correm, o álveo. Se o rio secar, o álveo passa a ser um terreno seco e comum. Nesse caso, esse terreno será dividido ao meio, pertencendo cada metade ao proprietário do imóvel contíguo à margem. Se o proprietário das margens sai beneficiado pelo aumento de seu patrimônio imobiliário, irá perder o proprietário do imóvel por onde o rio desviou seu curso, criando um novo álveo. Mesmo assim, não poderá reclamar indenização dos beneficiários. O álveo abandonado é, porém, uma figura jurídica contempladora de um fenômeno natural. Necessário se torna que o rio desvie-se do seu álveo sem provocação humana. Se os rios forem desviados por ação mecânica, como aconteceu na cidade de São Paulo, para a construção de hidrovias ou de usinas elétricas, haverá a formação artificial de álveo em outro imóvel. Nesse caso, o proprietário do imóvel atingido pelo novo álveo poderá reclamar indenização.

7.6. Das construções e plantações

Vamos agora examinar um modo de aquisição da propriedade imóvel diferente dos que temos até agora cogitado. Examinamos quatro tipos de *modus aquisicionis* da propriedade imóvel: formação de ilhas, aluvião, avulsão e álveo abandonado. Todos eles decorrem de fenômenos naturais, sem que haja provocação humana. Passemos a focalizar uma forma de aquisição da propriedade imóvel bem diferente das anteriores, embora seja ainda aquisição por acessão. Em vez de acessão natural, trata-se agora de acessão artificial. É o caso das construções e plantações.

Construções e plantações constituem uma forma de aquisição da propriedade imóvel pela qual o engenho e o trabalho humano adicionam novos elementos materiais a um imóvel. São bens móveis, que, acrescentados a um imóvel, ficam imobilizados. Os móveis incorporam-se ao imóvel. Sendo um aumento do imóvel, supõe-se que os móveis imobilizados devem pertencer ao proprietário do imóvel; toda construção ou plantação existente em um terreno se presume feita pelo proprietário e à sua custa, até que o contrário se prove (art. 1.253). Ressalta-se à lógica que, se alguém pretende construir um prédio, deve assegurar-se de que o terreno é seu. Se não, o proprietário do imóvel ficará proprietário da construção. É uma forma de acessão.

Esse critério é adotado no código de muitos países e já predominava na antiga Roma, consoante já vimos. O direito romano previa a acessão de imóvel a imóvel e de maneira natural, de que resultaram as quatro formas de aquisição: aluvião (*alluvio*), avulsão (*avulsio*), álveo abandonado (*alveus derelictus*), formação de ilhas (*insula in flumine nata*). No tocante à acessão artificial, isto é, de móvel a imóvel, o direito romano previu três formas de aquisição: a *satio* (semeadura), a *inaedificatio* (construção) e a *plantatio* (plantação). Nosso código tratou da questão nos arts. 1.253 e 1.254, mas só considerou duas: construções e plantações, incluindo a semeadura na plantação, o que nos parece evidente, pois semear é uma das formas de plantar.

O efeito jurídico da plantação é semelhante ao da construção: o proprietário do imóvel será também proprietário das coisas móveis incorporadas a ele. Há contudo algumas variantes. Aquele que semeia, planta ou edifica em terreno próprio, com sementes, plantas ou materiais alheios, adquire a propriedade destes; mas fica obrigado a pagar-lhes o valor, além de responder por perdas e danos, se obrou de má-fé (art. 1.254). Confessamos não entender bem a razão desse dispositivo legal, mas procuraremos interpretá-lo lexicamente. O proprietário de um terreno planta nele árvores ou sementes de outrem; essa hipótese nos parece furto e um crime não pode gerar efeitos jurídicos ao criminoso. Não poderia ele adquirir a propriedade dessas coisas furtadas ou roubadas. Digamos porém que o dono das árvores ou das sementes tenha autorizado a plantação; neste caso, há um contrato a ser regido pelo direito contratual. Digamos porém que o proprietário retire árvores de um terreno contíguo e as plante no seu, ignorando quais eram os limites entre os dois terrenos: enganou-se; não houve má-fé de sua parte. Esse último caso parece ajustar-se no espírito do art. 1.254. O proprietário do terreno adquire a propriedade dessas árvores, mas deverá ressarcir o proprietário do terreno de onde foram elas retiradas.

Pode acontecer o caso contrário: o proprietário de árvores e sementes planta em terreno alheio. Aquele que semeia, planta ou edifica em terreno alheio perde, em proveito do proprietário, as sementes, plantas e construções, mas tem direito à indenização. Não o terá, porém, se procedeu de má-fé, caso em que poderá ser constrangido a repor as coisas no estado anterior e a pagar os prejuízos (art. 1.255). O critério básico ainda é o mesmo: construções e plantações em terreno de outrem pertencerão ao dono do terreno. A hipótese focalizada aqui será para quem enganadamente, em boa-fé, beneficiar outrem, e será indenizado por esse benefício. Há um desvio no princípio geral: por que deve o proprietário pagar por uma construção ou uma plantação feitas em seu imóvel sem que ele tenha autorizado? Impera nesse caso uma questão de eqüidade e bom senso. O proprietário enriqueceu devido ao engano de outrem; aumentou seu patrimônio sem nada despender em contraprestação.

Se destruir as plantações poderá haver protesto ecológico; se demolir as construções será antieconômico e anti-social.

Torna-se importante, nesses casos, a ausência de má-fé. Quem age de má-fé perde direitos em benefício da parte *in bonis*. Se de ambas as partes houve má-fé, adquirirá o proprietário as sementes, plantas e construções, com encargo, porém, de ressarcir o valor das benfeitorias. Presume-se má-fé no proprietário, quando o trabalho de construção, ou lavoura se fez em sua presença e sem impugnação sua (art. 1.256). A expressão "benfeitoria" é aqui empregada em sentido genérico, não se confundindo com as benfeitorias consideradas na Parte Geral do Código Civil. Os critérios sobre a má-fé aplicam-se também ao caso de não pertencerem as sementes, plantas ou materiais a quem de boa-fé os emprega em solo alheio. O proprietário das sementes, plantas ou materiais poderá cobrar do proprietário do solo a indenização devida, quando não puder havê-la do plantador ou construtor. Em casos desse tipo, o criador do problema agiu com dupla imprudência: plantou árvores ou sementes que não lhe pertenciam, em terreno que também lhe não pertencia. Ser-lhe-á negado qualquer direito, como se tivesse agido de má-fé. Por outro lado, as outras duas partes envolvidas poderão ser beneficiadas. O proprietário do terreno em que foram feitas as plantações ou construções torna-se proprietário delas. O proprietário das sementes, plantas ou materiais de construção, aplicados no terreno alheio, poderá pedir indenização ao beneficiário. Poderá ainda lançar-se judicialmente contra o criador do problema.

Novo Código Civil

Seção III

Da Aquisição por Acessão

Art. 1.248. A acessão pode dar-se:
I – por formação de ilhas;
II – por aluvião;
III – por avulsão;

IV – por abandono de álveo;
V – por plantações ou construções.

Subseção I

Das Ilhas

Art. 1.249. As ilhas que se formarem em correntes comuns ou particulares pertencem aos proprietários ribeirinhos fronteiros, observadas as regras seguintes:

I – as que se formarem no meio do rio consideram-se acréscimos sobrevindos aos terrenos ribeirinhos fronteiros de ambas as margens, na proporção de suas testadas, até a linha que dividir o álveo em duas partes iguais;

II – as que se formarem entre a referida linha e uma das margens consideram-se acréscimos aos terrenos ribeirinhos fronteiros desse mesmo lado;

III – as que se formarem pelo desdobramento de um novo braço do rio continuam a pertencer aos proprietários dos terrenos à custa dos quais se constituíram.

Subseção II

Da Aluvião

Art. 1.250. Os acréscimos formados, sucessiva e imperceptivelmente, por depósitos e aterros naturais ao longo das margens das correntes, ou pelo desvio das águas destas, pertencem aos donos dos terrenos marginais, sem indenização.

Parágrafo único. O terreno aluvial, que se formar em frente de prédios de proprietários diferentes, dividir-se-á entre eles, na proporção da testada de cada um sobre a antiga margem.

Subseção III

Da Avulsão

Art. 1.251. Quando, por força natural violenta, uma porção de terra se destacar de um prédio e se juntar a outro, o dono deste adquirirá a propriedade do acréscimo, se indenizar o dono do primeiro ou, sem indenização, se, em um ano, ninguém houver reclamado.

Parágrafo único. Recusando-se ao pagamento de indenização, o dono do prédio a que se juntou a porção de terra deverá aquiescer a que se remova a parte acrescida.

Subseção IV

Do Álveo Abandonado

Art. 1.252. O álveo abandonado de corrente pertence aos proprietários ribeirinhos das duas margens, sem que tenham indenização os donos dos terrenos por onde as águas abrirem novo curso, entendendo-se que os prédios marginais se estendem até o meio do álveo.

Subseção V

Das Construções e Plantações

Art. 1.253. Toda construção ou plantação existente em um terreno presume-se feita pelo proprietário e à sua custa, até que se prove o contrário.

Art. 1.254. Aquele que semeia, planta ou edifica em terreno próprio com sementes, plantas ou materiais alheios, adquire a propriedade destes; mas fica obrigado a pagar-lhes o valor, além de responder por perdas e danos, se agiu de má-fé.

Art. 1.255. Aquele que semeia, planta ou edifica em terreno alheio perde, em proveito do proprietário, as sementes, plantas e construções; se procedeu de boa-fé, terá direito a indenização.

Parágrafo único. Se a construção ou a plantação exceder consideravelmente o valor do terreno, aquele que, de boa-fé, plantou ou edificou, adquirirá a propriedade do solo, mediante pagamento da indenização fixada judicialmente, se não houver acordo.

Art. 1.256. Se de ambas as partes houve má-fé, adquirirá o proprietário as sementes, plantas e construções, devendo ressarcir o valor das acessões.

Parágrafo único. Presume-se má-fé no proprietário, quando o trabalho de construção, ou lavoura, se fez em sua presença e sem impugnação sua.

Art. 1.257. O disposto no artigo antecedente aplica-se ao caso de não pertencerem as sementes, plantas ou materiais a quem de boa-fé os empregou em solo alheio.

Parágrafo único. O proprietário das sementes, plantas ou materiais poderá cobrar do proprietário do solo a indenização devida, quando não puder havê-la do plantador ou construtor.

Art. 1.258. Se a construção, feita parcialmente em solo próprio, invade solo alheio em proporção não superior à vigésima parte deste, adquire o construtor de boa-fé a propriedade da parte do solo invadido, se o valor da construção exceder o dessa parte, e responde por indenização que represente, também, o valor da área perdida e a desvalorização da área remanescente.

Parágrafo único. Pagando em décuplo as perdas e danos previstos neste artigo, o construtor de má-fé adquire a propriedade da parte do solo que invadiu, se em proporção à vigésima parte deste e o valor da construção exceder consideravelmente o dessa parte e não se puder demolir a porção invasora sem grave prejuízo para a construção.

Art. 1.259. Se o construtor estiver de boa-fé, e a invasão do solo alheio exceder a vigésima parte deste, adquire a propriedade da parte do solo invadido, e responde por perdas e danos que abranjam o valor que a invasão acrescer à construção, mais o da área perdida e o da desvalorização da área remanescente; se de má-fé, é obrigado a demolir o que nele construiu, pagando as perdas e danos apurados, que serão devidos em dobro.

8. DA USUCAPIÃO

8.1. Conceito e elementos
8.2. Usucapião extraordinária
8.3. Usucapião ordinária
8.4. Usucapião especial

8.1. Conceito e elementos

A usucapião é um modo de aquisição da propriedade pela posse prolongada, mansa e pacífica de uma coisa. Por esse conceito, é um dos efeitos da posse. Quando falamos que a propriedade e a posse eram dois institutos distintos, mas havia muita semelhança e conexão entre eles, a usucapião vem exemplificar essa conexão. Pela posse adquire-se o domínio, sendo, portanto, a posse o elemento essencial da usucapião. O segundo elemento é o decurso de um determinado tempo, estabelecido pela lei, isto é, a posse prolongada. Outros requisitos da usucapião ainda se encontram como o *animus domini*, a boa-fé e outros mais, conforme o caso, pois nosso direito contempla vários tipos de usucapião. A posse e o tempo, ou seja, a posse prolongada, são os elementos essenciais, tanto que, na antiga Roma, Modestino dava um conceito de usucapião adotado no mundo moderno:

Usucapio est adjectio domini per continuationem possessionis temporis lege definit.	Usucapião é a aquisição do domínio pela posse continuada, por um tempo definido.

Vamos encontrar o conceito de Modestino materializado no art. 1.158 do Código Civil italiano:

Usucapioni dei beni imobili e dei diritti reali immobiliari	**Usucapião dos bens imóveis e dos direitos reais imobiliários**
La proprietá dei beni immobili e gli altri diriti reali di godimento sui beni medesimi si acquistano in virtu del possesso continuato per venti anni.	A propriedade dos bens imóveis e de outros direitos reais de gozo sobre os mesmos bens são adquiridos em virtude da posse continuada por vinte anos.

Podemos considerar o conceito de Modestino e do Código Civil italiano como aplicável ao atual direito brasileiro. Embora seja normalmente aplicado a imóveis, é possível aplicá-lo a direitos reais, como a enfiteuse, e também a móveis. O elemento básico faz-se presente, porém, nos vários conceitos: a posse continuada. Como o decurso do tempo é essencial à usucapião, há íntima conexão com a prescrição, tanto que a usucapião é também chamada de prescrição aquisitiva; enquanto a prescrição extintiva provoca a perda do direito, a prescrição aquisitiva provoca a aquisição do direito.

Pela posse prolongada a usucapião cria proprietário para uma *res nullius* ou uma *res derelictae*. Não é possível exercer a usucapião sobre o proprietário de uma coisa ou sobre um possuidor, pois o usucapiente deve ser o possuidor da coisa usucapta. É, portanto, um modo originário de aquisição da propriedade. Ainda que a coisa já tenha tido um dono, a usucapião será um modo originário, uma vez que não é um proprietário que transfere a coisa para outro.

Vê-se assim que a usucapião realça-se entre todos os demais modos de aquisição da propriedade; é um instituto próprio, autônomo, específico. Não é um tipo de prescrição, mas vai além dela. A usucapião é um modo de adquirir a propriedade e outros direitos reais; é a força geradora de direitos reais, nunca pessoais. Nesse aspecto, distingue-se da prescrição, que extingue direitos reais e pessoais. A prescrição é instituto mais próprio do Direito das Obrigações, enquanto a usucapião pertence ao Direito das Coisas.

O possuidor pode, para o fim de contar o tempo exigido, acrescentar à sua posse a do seu antecessor, contanto que ambas sejam contínuas e pacíficas (art. 1.243). É o que acontece com o sucessor singular, que pode unir sua posse à do antecessor, conforme vimos. As causas que obstam, suspendem ou interrompem a prescrição também se aplicam à usucapião, assim como ao possuidor se estende o disposto quanto ao devedor (art. 1.244). Para rememorar as causas que obstam, suspendem ou interrompem a prescrição teríamos de retornar aos arts. 197 a 204, cujo estudo consta de nosso compêndio *Teoria Geral do Direito Civil*. Para ilustração, poderemos citar alguns exemplos: não corre a prescrição entre marido e mulher; da mesma forma entre ascendentes e descendentes.

Não teria lógica o marido usucapir bens da mulher, mesmo porque ele seria parcialmente dono desses bens.

8.2. Usucapião extraordinária

Nosso direito prevê três tipos de usucapião: extraordinária, ordinária e especial. O primeiro está exposto no art. 1.238 do Código Civil, o segundo no art. 1.239 e o terceiro na Lei 6.969/81. Pela usucapião extraordinária, aquele que, por quinze anos, sem interrupção nem oposição, possuir como seu um imóvel, adquirir-lhe-á o domínio, independentemente de título e boa-fé que, em tal caso, se presume, podendo requerer ao juiz que assim o declare por sentença, a qual lhe servirá de título para transcrição no Registro de Imóveis. Notam-se dois requisitos frisantes da usucapião extraordinária: o período da posse de quinze anos e a dispensa de justo título e boa-fé, que não precisam ser comprovados, mas podem ser alegados. A boa-fé é pois presumida e o justo título também.

8.3. Usucapião ordinária

Consoante o art. 1.239, pela usucapião ordinária, adquire também o domínio do imóvel aquele que por cinco anos o possuir como seu, contínua e incontestadamente, com justo título e boa-fé. A característica da posse contínua e incontestada é comum à usucapião; contínua quer aqui dizer ininterrupta, sem que tenha havido um outro possuidor; é a posse continuada. Incontestada é a posse mansa e pacífica, sem discussão judicial; a coisa não pode ser objeto de disputa perante a Justiça. O título a que se refere a lei significa o ato de aquisição da posse, ou seja, que ela tenha sido adquirida de boa-fé. O "justo título" refere-se pois a uma posse hábil para ensejar o pedido de usucapião.

8.4. Usucapião especial

Não foi essa espécie prevista no Código Civil, mas criada recentemente pela Lei 6.969/81. Todo aquele que não sendo proprietário rural e urbano possuir como sua, por cinco anos ininterruptos, sem oposição, área rural contínua não excedente a 50 hectares (art. 1.239), e a houver tornado produtiva com seu trabalho e nela tiver sua morada, adquirir-lhe-á o domínio, independentemente de justo título ou boa-fé, podendo requerer ao juiz que assim o declare por sentença, a qual servirá de título para transcrição no Registro de Imóveis.

Sendo um tipo de usucapião, apresenta essa modalidade as características comuns: a posse continuada por um determinado lapso de tempo e direitos à coisa, o objetivo da aquisição da propriedade da coisa, a transcrição da sentença judicial no Registro de Imóveis. Por outro lado, estabelece a lei certos requisitos especiais justificando o nome do instituto. Um deles é o de que ele se aplica apenas a imóveis rurais; outra que o usucapiente não possua outros imóveis rurais ou urbanos. Importante requisito é o de que o usucapiente resida no imóvel e o tenha valorizado com seu trabalho, tornando-o mais produtivo.

A usucapião especial não pode ser aplicada em certas áreas. Não ocorrerá em áreas indispensáveis à segurança nacional. O Decreto 87.040/82 complementou a Lei 6.969/81, especificando as áreas indispensáveis à segurança nacional insuscetíveis de usucapião especial. São insuscetíveis de usucapião os imóveis de uso das Forças Armadas ou destinadas a seus fins ou serviços, essenciais à execução da política de segurança nacional, assim como quaisquer outras terras públicas não devolutas.

Não é possível exercer também a usucapião com as terras situadas na faixa de fronteira, ou seja, uma faixa de 150 km junto à fronteira do Brasil com outros países. A faixa de fronteira é considerada área de segurança nacional, como também os terrenos de marinha – mais vulgarmente, as praias. É possível, porém, requerer a usucapião de terras devolutas, exceto algumas apontadas pelo Decreto-lei 1.164/71. Consideram-se terras devolutas as pertencentes ao domínio público federal, estadual ou municipal, mas pelas quais o próprio Poder Público não se interesse, colocando-as *in commercium*.

A usucapião especial é garantida também pelo art. 191 da Constituição Federal de 1988. Diz o mesmo artigo porém que os imóveis públicos não serão adquiridos por usucapião. Todavia, há exceções, pois a destinação de terras públicas e devolutas será compatibilizada com a política agrícola e com o plano nacional de reforma agrária, segundo o art. 188. E o fundamento da usucapião é a função social da propriedade, colocando-a em uso e produção. Procura proteger o trabalho humano e a posse contra o proprietário improdutivo, inclusive o próprio governo. Se o proprietário, seja o governo, seja pessoa privada, não usa a terra que lhe pertence, presume-se que a abandonou, por lhe faltar o *animus domini*. Se o governo pode doar ou desfazer-se de terras devolutas improdutivas, por que não pode perdê-las pela usucapião? Limita entretanto a lei a 25 hectares, senão a usucapião poderia ser usado para formar um latifúndio.

O art. 4º estabelece o foro legal para a ação de usucapião especial em terras devolutas federais, a comarca da situação do imóvel, perante a justiça estadual, cabendo ao Ministério Público local a representação judicial da União. Em grau de recurso, porém, a questão será remetida ao Tribunal Regional Federal, ou seja, transfere-se para a justiça federal. Tratando ainda de terras devolutas, pelo art. 4º, da Lei 6.969/81, nem sequer será necessário empreender ação judicial, podendo ser requerido que seja ele reconhecido administrativamente pelo órgão competente, como o INCRA. O órgão competente do Poder Executivo emitirá então o título de domínio, que será registrado no Registro de Imóveis. O procedimento administrativo para o reconhecimento da aquisição, por usucapião especial, de imóveis rurais compreendidos em terras devolutas, foi regulamentado pelo Decreto 87.620/82.

Adotar-se-á na ação de usucapião especial o procedimento sumaríssimo, assegurada a preferência à sua instrução e julgamento. O autor da ação deverá requerer a citação pessoal daquele em cujo nome esteja inscrito o imóvel usucapiendo, bem como os confinantes e, por edital, dos réus ausentes, incertos e desconhecidos. Se o usucapiente for pessoa de parcos recursos, poderá pedir assistência judiciária gratuita, inclusive para o Registro de Imóveis.

Novo Código Civil

CAPÍTULO III

Da Aquisição da Propriedade Móvel

Seção I

Da Usucapião

Art. 1.260. Aquele que possuir coisa móvel como sua, contínua e incontestadamente durante três anos, com justo título e boa-fé, adquirir-lhe-á a propriedade.

Art. 1.261. Se a posse da coisa móvel se prolongar por cinco anos, produzirá usucapião, independentemente de título ou boa-fé.

Art. 1.262. Aplica-se à usucapião das coisas móveis o disposto nos arts. 1.243 e 1.244.

Observação:

A palavra "usucapião" era masculina no Código de 1916, mas é feminina no de 2002. É igualmente feminina na Lei 6.969/81. Será considerada sempre feminina em nossas considerações, por ser o gênero adotado pelo Código Civil em vigor.

9. DOS DIREITOS DE VIZINHANÇA

9.1. Conceito e tipos
9.2. Do uso anormal da propriedade
9.3. Das árvores limítrofes
9.4. Da passagem forçada
9.5. Das águas
9.6. Dos limites entre prédios
9.7. Do direito de construir
9.8. Do direito de tapagem

9.1. Conceito e tipos

A propriedade é o direito de usar, gozar e abusar de uma coisa (*jus utendi, fruendi et abutendi*). É um direito amplo e sólido, fundamento da iniciativa privada e do regime liberal-capitalista, que vigora em quase todo o mundo. Esse direito surgiu na antiga Roma e ainda vigora em toda plenitude, interpretando a mentalidade daquela época e frutos dos problemas peculiares do local e do tempo em que esse direito se criou e se desenvolveu. Estamos porém separados desse local e dessa era por mais de 12.000 quilômetros e 2.000 anos.

Imaginemos ainda a vida há 2.000 anos na antiga Roma, em que o homem primitivo vivia semi-isolado, tendo cada vizinho a quilômetros de distância. Ele era livre e senhor de seus domínios; fazia o que queria; fruía e abusava de sua propriedade e de sua família sem que seus vizinhos soubessem ou se incomodassem. Com o aumento da população e com o progresso econômico e social, chegamos ao mundo de hoje numa situação bem inversa. Moramos normalmente num prédio com muitos apartamentos, com vizinhos em todos os lados. Viajamos num veículo de transporte coletivo. O homem deixou de ser livre; depende de tudo e de todos; depende do padeiro que lhe fornece o pão, do dono da loja que lhe fornece roupas, da quitanda, do carteiro, do motorista do ônibus ou do táxi, do patrão. O patrão depende do empregado, do fornecedor, do banco.

Assim acontece também no uso da propriedade. Não podemos fazer mais o que bem entendemos no que seja nossa propriedade. Se temos um cachorro em nosso apartamento, ele late e incomoda os vizinhos; se formos fazer uma churrascada, ameaçamos com um incêndio. Se temos um sítio e plantamos uma árvore, as raízes dessa árvore ameaçam a casa do vizinho e os frutos dela podem cair no telhado alheio. Perfuramos um poço e podemos secar o do vizinho. Se formos pregar um prego na parede de nosso apartamento, fazemos cair o reboque da casa do vizinho. Quando se constrói um prédio de apartamentos as estacas abalam a estrutura da casa ao lado, o prédio lhe tapa o sol e detritos do prédio caem sobre a casa contígua.

Essa crise de convivência agrava-se cada vez mais com o aumento da população, a formação das megalópoles e o progresso. A casa em que morava uma família é derrubada, erguendo-se um prédio em que mora uma centena de famílias. Os contatos humanos são freqüentes e mais chegados; cessou a liberdade e a independência dos cidadãos e dos países. O Brasil anterior a 1822 era mais livre e independente do que agora. Quanto mais aumentam os contatos humanos, mais surgem os conflitos e as divergências. Somos livres, mas a nossa liberdade termina onde começa a de nosso semelhante e os limites de nossos domínios estreitam-se e restringem-se numa escala irreversível.

Ante esse novo estado de coisas o *jus utendi, fruendi et abutendi* vai-se restringindo e vê-se cada vez mais cerceado. Os interesses pessoais têm de se harmonizar em proveito dos interesses sociais. A excessiva liberdade dos direitos reais provocou o surgimento das idéias marxistas, com plano de exterminar a propriedade privada. Temos nossos direitos, mas nossos vizinhos também; surgem destarte os direitos de vizinhança. Urge a solução das controvérsias decorrentes da vizinhança por leis adequadas. O gênio romano previu essas polêmicas há mais de 2.000 anos, criando os direitos' de vizinhança, que vigoram até hoje. Naturalmente, o direito de cada país produziu leis complementares, amoldando-se aos novos problemas surgidos. É o que fez o Brasil, com farta legislação de que falaremos, como o Código de Águas, o Código Florestal, a Lei do Condomínio em Edificações e outras.

Interessante é notar que a minúcia das normas sobre o direito de construir e das outras sobre boa-vizinhança suplanta a de qualquer outro país. Não se encontram disposições assim amplas e cuidadas no Código Civil italiano, no francês e no português – nem mesmo no alemão, que serviu de paradigma para o nosso. Apenas se assemelha ao Código Civil da Suíça, que é de 1912, quando o nosso já estava elaborado; não deve ter-nos influenciado. Pelo que se vê, o brasileiro tradicionalmente não tem sido um bom vizinho, para que o direito brasileiro exigisse regulamentação assim extensa. Nosso código é bem minucioso a este respeito e na esteira do direito romano, expresso no BGB (Código Civil alemão), elenca, numa seção denominada "Dos Direitos de Vizinhança", sete tipos de limitações ao uso da propriedade, visando a garantir relacionamento harmônico entre pessoas dotadas de propriedades contíguas ou próximas uma da outra. São os seguintes:

I – uso anormal da propriedade (arts. 1.277 a 1.281);
II – árvores limítrofes (arts. 1.282 a 1.284);
III – passagem forçada (arts. 1.285 a 1.287);
IV – águas (arts. 1.288 a 1.296);
V – limites entre prédios (arts. 1.297 e 1.298);
VI – direito de construir (arts. 1.299 a 1.313);
VII – direito de tapagem (art. 1.297 e 1.298).

9.2. Do uso anormal da propriedade

O proprietário ou o possuidor de um prédio tem o direito de impedir que o mau uso da propriedade vizinha possa prejudicar a segurança, o sossego e a saúde dos que o habitam (art. 1.277). Estamos em face do princípio geral de que somos livres, desde que a nossa liberdade encontre seu limite onde começa a do nosso semelhante. Aplicado no plano específico da propriedade, podemos fazer livre uso dela, até onde esbarrar na liberdade de nosso vizinho. O mau uso da propriedade são de três tipos, reconhecidos pela lei. O primeiro deles é o que possa ameaçar a segurança dos vizinhos, como criar um cão perigoso, guardar produtos químicos inflamáveis ou explosivos. O segundo é perturbar o sossego dos vizinhos, como manter uma boate, um cassino, ligar aparelhagem de som em volume exagerado. O terceiro é afetar a saúde alheia mantendo coisas que exalem gases tóxicos e outros semelhantes.

O proprietário ou o possuidor tem direito de exigir do dono do prédio vizinho a demolição, ou reparação necessária, quando este ameace ruína, bem como que preste caução pelo dano iminente (art. 1.280). Assegura a lei ao vizinho prejudicado o direito de tomar medidas em defesa de seu patrimônio. Poderá ele requerer judicialmente, mas, muitas vezes, aos próprios órgãos do Poder Executivo, como à Secretaria da Saúde, à Prefeitura e outros. Por exemplo: um aterro que ameace desabar sobre casas, o que ocorre comumente em São Paulo; manutenção de um apiário, cujas abelhas picam crianças; uma miniusina de fabricação de asfalto, que exale mau cheiro, fumaça e poeira, além de fazer excessivo barulho. Tais fatos não constituem crimes, mas o uso nocivo da propriedade. Caso afrontem a lei penal a questão passa para outra área, podendo o vizinho prejudicado recorrer à polícia.

Mais intensa, importante e delicada é a questão de boa vizinhança em condomínios, principalmente em prédios de apartamentos. Os contatos são mais estreitos e freqüentes; usam-se elevadores comuns; um imóvel é contíguo ao outro; há partes de uso comum, como piscina, salão de festas, parque infantil. Por essas razões, o disposto no Código Civil alonga-se na lei que dispõe sobre condomínio em edificações e as incorporações imobiliárias (Lei 4.591/64). Os condôminos deverão reunir-se em assembléia, elaborando a Convenção de Condomínio e Regimento Interno do prédio. A Convenção de Condôminos, que deverá ser registrada na Circunscrição Imobiliária, deverá ser lei interna do prédio, obrigando todos os condôminos. O art. 10 da Lei dos Condomínios veda várias ações do condômino que possam prejudicar os demais, como destinar a unidade a utilização diversa da finalidade do prédio ou usá-la de forma nociva ou perigosa ao sossego, à salubridade e à segurança dos demais condôminos. Será o caso de, num prédio residencial, manter um escritório, uma fabriqueta ou qualquer outro tipo de atividade que importune os demais ocupantes.

9.3. Das árvores limítrofes

A ameaça ou o incômodo, neste caso, não são causados por pessoas, mas por árvores. Consideram-se aqui dois tipos de árvores: umas estão num terreno, mas seus galhos ou raízes invadem o terreno alheio; outras servem de linha divisória entre dois terrenos, sendo chamadas normalmente de cerca viva. A árvore, cujo tronco estiver na linha divisória, presume-se pertencer em comum aos donos dos prédios confinantes (art. 1.282). Há uma comunhão dessas árvores entre os dois vizinhos que são, neste caso, "comunheiros". Os dois poderão desfrutar do tronco, sem poder destruí-lo; o tronco forma um "condomínio necessário", em comunhão. As raízes e os galhos, porém, pertencerão ao dono do terreno por onde crescerem. Como dono, poderá então cortá-los até a linha lindeira do seu terreno. Essa disposição pode acarretar prejuízo à outra parte da árvore que se encontra no terreno vizinho, mas a solução dada por nosso código é a mais justa, pois o proprietário de um terreno não pode ser incomodado pelos galhos e raízes de uma árvore. É a mesma solução adotada pelo código de muitos países, como o português (arts. 1.368 e 1.369), o alemão (art. 923), o francês (art. 670). Examinemos como o art. 899 do Código Civil italiano completa o nosso art. 1.282, adotando idênticos critérios aos do direito brasileiro:

Comunione di alberi	Comunhão de árvores
Gli alberi sorgenti nella siepe comune sono comuni.	As árvores nascidas na cerca viva comum são comuns.
Gli alberi sorgenti sulla linea di confine se presumono comuni, salvo titolo o prova in contrario. Gli alberi che servono di limite o che si trovano nella siepe comune non possono essere tagliatti; se non di comune consenso o dopo che l'autorità giudiziaria abbia riconosciutto la necessità o la convenienza del taglio.	As árvores que nascerem na linha divisória presumem-se comuns, salvo título ou prova em contrário. As árvores que servem de limite ou que se encontrem na cerca viva comum não podem ser cortadas, a não ser de comum consenso ou depois que a autoridade judiciária tenha reconhecido a necessidade ou a conveniência do corte.

Há pois uma diferença de efeitos quanto ao tronco da árvore e seus galhos e raízes; o tronco faz comunhão entre os vizinhos, mas não as raízes e os ramos. As raízes e os ramos de árvores que ultrapassarem a extrema do prédio poderão ser cortados, até o plano vertical divisório, pelo proprietário do terreno invadido (art. 1.238). Convém ressaltar que nosso código utiliza comumente o termo "prédio" como sinônimo de "imóvel".

Afora o problema do tronco das árvores e o dos ramos e raízes, surge um terceiro: o dos frutos da árvore. A solução adota critérios diferentes dos já referidos. Os frutos caídos de árvore do terreno vizinho pertencem ao dono do solo onde caíram, se este for de propriedade particular (art. 1.284). Trata-se de árvores da cerca viva e também das que se encontram no interior de um terreno. Mesmo que seja árvore de um terreno, mas cujos frutos o vento faça cair num terreno vizinho, o dono deste último será dono dos frutos. Todavia, esse disposto aplica-se no caso de os frutos deslocarem-se naturalmente para outro terreno, não podendo ser provocado artificialmente esse deslocamento.

9.4. Da passagem forçada

Uma demarcação defeituosa de imóveis poderá provocar a formação de um imóvel ilhado no meio de várias propriedades imobiliárias, sem deixar-lhe qualquer saída. Em casos tais, o proprietário desse imóvel não poderá entrar e sair dele, a não ser por helicóptero. Esse imóvel tornar-se-á improdutivo, o que será anti-social. Se for um imóvel urbano não poderá ser habitado; se for rural, não poderá ser cultivado. Esse encravamento não poderá ser provocado pelo proprietário, mas deve ser criado por outras pessoas. Assim, o proprietário de uma gleba faz loteamento de seu imóvel deixando sobrar para si um terreno sem saída; não poderá exigir solução para o problema à custa de outrem, se ele mesmo o criou.

O dono do prédio que se achar encravado em outro, sem saída pela via pública, fonte ou porto, tem direito a reclamar do vizinho que lhe deixe passagem, fixando-se a esta judicialmente o rumo, quando necessário (art. 1.285). É um direito do proprietário do terreno insulado contra o vizinho que estiver mais interposto à rua, fonte ou porto, não só para o trânsito de pessoas como também de mercadorias. Forma-se um tipo de servidão a que está obrigado o proprietário do prédio vizinho. Faremos adiante o estudo das servidões.

9.5. Das águas

Podemos dizer das águas que o problema seja mais do que sério, importante e delicado: é estratégico. Não é apenas questão de direito privado, mas também de direito público, tanto que na maioria dos países o abastecimento de água constitui monopólio estatal. A água pode valorizar bastante o imóvel ou reduzi-lo à inutilidade. Eis por que a legislação do mundo inteiro dedica-lhe especial atenção. No Brasil a questão foi tratada pelos arts. 1.288 a 1.296 do Código Civil e pela Lei 24.643/34, denominada Código de Águas.

Dois problemas causam graves transtornos e a lei se preocupou com ambos: a falta e o excesso de água. As relações de vizinhança são afetadas principalmente por imóveis situados em plano inferior e superior, pois as águas correm naturalmente de cima para baixo. O dono ou possuidor do prédio inferior é obrigado a receber as águas que correm naturalmente do superior. Se o dono deste fizer obras de arte, para facilitar o escoamento, procederá de modo que não piore a condição natural e anterior do outro. Nota-se um princípio geral: as águas correm naturalmente de cima para baixo e não é lícito detê-las. Se alguém detiver o curso das águas, fatalmente provocará falta delas em inúmeros outros imóveis, situados em plano inferior, que serão prejudicados. Deve haver pois uma política de boa-vizinhança entre os imóveis; o de cima, ao fazer uma obra, como uma barragem, não deve privar o imóvel, no plano inferior, das águas, nem provocar o excesso delas. Por seu turno, o dono do imóvel de baixo deve dar livre curso às águas para não sobrecarregar o de cima e suprir os de baixo. Tratando-se de construções, segundo o art. 105 do Código de Águas, o telhado do prédio superior deve deixar um vão mínimo de 10 centímetros para que escoem as águas da chuva, a fim de que não caiam no telhado vizinho.

O imóvel inferior pode ter prejuízos decorrentes do despejo de águas do imóvel superior. Quando as águas, artificialmente levadas ao prédio superior, correrem dele para o inferior, poderá o dono deste reclamar que se desviem, ou se indenize o prejuízo que sofrer (art. 1.289). Entretanto, o art. 92 do Código de Águas estende o direito à indenização também aos males causados por águas naturalmente brotadas no imóvel superior. Por conseguinte, se brotar uma fonte de água num imóvel e essa água causar prejuízos aos imóveis situados em plano inferior, estes poderão reclamar indenização. O dono do imóvel superior não tem culpa de a água ter fluído em sua propriedade, mas há uma questão de eqüidade; o que se beneficiou com a fonte não deve se enriquecer com o sacrifício dos que sofrem prejuízos com a mesma fonte. Por outro lado, a mesma água que prejudicar os imóveis inferiores poderá trazer também vantagens; deve haver compensação entre vantagens e prejuízos.

Falamos, até agora, mais das medidas legais para reger os problemas concernentes ao excesso de água. Procura porém a legislação impedir que se provoque falta de água, cujos efeitos são igualmente graves. O proprietário de fonte não captada, satisfeitas as necessidades de seu consumo, não pode impedir o curso natural das águas pelos prédios inferiores (art. 1.290). Diversas situações podem amoldar-se a esse dispositivo. Digamos que brote fonte num imóvel: o dono dele pode captar totalmente a água que ela produzir, satisfazendo suas necessidades, nada deixando para os imóveis inferiores. Se a água jorrada for superior às suas necessidades, poderá ele captar apenas uma parte dela: poderá ainda não captar a fonte por não precisar de sua água. Nesses casos, a água não captada deverá seguir seu curso natural, ou seja, resvalará para os terrenos mais fundos, dirigindo-se aos imóveis inferiores. Não pode o proprietário do imóvel em que surgir a fonte desviá-la do seu rumo natural. Ele é proprietário do imóvel em que surgir a fonte, em que a água brota, mas não pode ser proprietário da água; esta não é um bem suscetível de apropriação pelo homem.

Afora a água das fontes, existem as águas pluviais, isto é, as que procedem imediatamente das chuvas. As águas pluviais que correm por lugares públicos, assim como as dos rios públicos, podem ser utilizadas por qualquer proprietário dos terrenos por onde passem, observados os regulamentos administrativos (art. 566). O critério não é diferente: as águas fontais vêm de baixo da terra, as pluviais de cima, mas ambas vão aparecer num imóvel. A questão foi melhor disposta pelos arts. 102 a 107 do Código de

Águas. Ao cair num imóvel, as águas pluviais podem ser usadas livremente pelo dono desse imóvel. Este porém não poderá prejudicar os imóveis inferiores, desviando o curso natural das águas, a menos que indenize os prejudicados.

A questão mais delicada é a da ação do homem sobre as águas, provocando artificialmente outro curso delas, como, por exemplo, erguendo barragem para represamento, canalizando água para seu imóvel com o conseqüente desvio de outros imóveis e outros processos de domínio das águas. É assunto exigente de longa análise, próprio para uma tese das mais complexas. O Código de Águas dedica à questão 21 artigos, de nºs 117 a 138, procurando compatibilizar a lei com os numerosos problemas surgidos no mundo moderno. Foi obrigada a moderna legislação a permitir a ação do homem sobre as águas, desde que observadas certas condições, como a preservação dos interesses dos vizinhos e do meio ambiente.

É permitido a quem quer que seja, mediante prévia indenização aos proprietários prejudicados, canalizar, em proveito agrícola ou industrial, as águas a que tenha direito, através de prédios rústicos alheios, não sendo chácaras ou sítios murados, quintais, pátios, hortas ou jardins. Ao proprietário prejudicado, em tal caso, também assiste o direito de indenização pelos danos que de futuro lhe advenham com a infiltração ou a irrupção das águas, bem como a deterioração das obras destinadas a canalizá-las (art. 1.291 e 1.293). Criou-se assim um instituto denominado doutrinariamente de "*servidão legal de aqueduto*", ou "direito de aqueduto" (*servitus acqueductus*). Esse instituto pretende tutelar o progresso, permitindo que as águas se prestem a uma finalidade mercantil, na agricultura, na indústria ou prestação de serviços. A água deverá prestar-se à aplicação nas atividades empresariais, reservando a lei o direito de indenização aos proprietários que vierem a ser prejudicados.

As ações judiciais atinentes aos problemas de captação de águas seguem o rito ordinário. Nas causas cujo valor não ultrapassar a 20 salários mínimos, poderá ser sumaríssima. O Código de Processo Civil, de 1973, adota rito comum. Voltamos a lembrar que essa questão é típica do direito de boa vizinhança, de caráter civil, sem que o uso inadequado da propriedade resvale para a infração penal. Caso houver dolo ou culpa no prejuízo causado a outrem, nosso Código Penal prevê no art. 161 o crime de "Usurpação de Águas Alheias". É como se fosse um furto de água.

9.6. Dos limites entre prédios

O nome desse título segue a designação dada pelo Código Civil, que chama de "prédio" todo imóvel, quando modernamente se denomina "prédio" a construção em um terreno. Todo imóvel tem um limite; esse limite é onde começa o imóvel do vizinho. O mesmo acontece com o direito. Imprescindível se torna pois demarcar os imóveis: onde termina o de um e onde começa o de outro, pois é também o limite do direito. Onde houver confusão do imóvel haverá a do direito, e o conflito fatalmente surgirá. A solução do problema deve estar a cargo de ambos os confinantes. Caso não se resolva o estabelecimento dos confins de cada imóvel amigavelmente, o Código de Processo Civil concede ao vizinho interessado uma ação específica, denominada "Ação de divisão e da demarcação de terras particulares", regulamentada nos arts. 946 a 981. É uma das ações mais complexas e difíceis de nosso direito adjetivo.

Todo proprietário pode obrigar o seu confinante a proceder com ele à demarcação entre os dois prédios, a aviventar rumos apagados e a renovar marcos destruídos ou arruinados, repartindo-se proporcionalmente entre os interessados as respectivas despesas (art. 1.297). Refere-se, como se vê, à fixação de uma cerca entre os dois imóveis, no interesse de ambos, razão pela qual as despesas devem ser divididas.

No caso de confusão, os limites, em falta de outro meio, se determinarão de conformidade com a posse; e, não se achando ela provada, o terreno contestado se repartirá proporcionalmente entre os prédios, ou, não sendo possível a divisão cômoda, se adjudicará a um deles mediante indenização ao proprietário prejudicado (art. 1.298). Abrem-se assim diversos meios de prova para eliminar a confusão de limites, já que a questão é das mais difíceis. Enquanto a solução não for encontrada, isto é, não seja feita a demarcação, a confusão permanece e nenhum dos vizinhos tem direito ao uso exclusivo. Do intervalo, muro, vala, cerca ou qualquer outra obra divisória entre os dois prédios, têm direito a usar em comum os proprietários confinantes, presumindo-se, até prova em contrário, pertencer a ambos. Trata-se pois de presunção *juris tantum*, até solução final pela Justiça.

9.7. Do direito de construir

Dentro do conceito de propriedade, o *jus utendi, fruendi et abutendi*, é facultado ao proprietário de um imóvel o direito de edificar um prédio nele. A expressão *abutere* (abusar) não tem o sentido que vulgarmente lhe é dado. No sentido de abusar fica o direito de desfazer-se da propriedade, de aliená-la. Ou então de modificá-la com edificações, mas sem abusar dos interesses alheios. O proprietário pode levantar em seu terreno as construções que lhe aprouver, salvo o direito dos vizinhos e os regulamentos administrativos (art. 1.299).

Se esse *abutere* ferir as regras da boa vizinhança, a lei dá ao vizinho prejudicado o direito de defesa de seus interesses. O proprietário pode embargar a construção do prédio que invada a área do seu, ou sobre este deite goteiras, bem como à daquele em que, a menos de metro e meio do seu, se abra janela ou se faça eirado, ou varanda. A disposição deste artigo não abrange as frestas, seteiras ou óculos para luz, não maiores de 10 centímetros de largura sobre 20 de comprimento (art. 1.301). Para impedir a construção abusiva de um prédio, isto é, que prejudique o imóvel vizinho, o Código de Processo Civil nos arts. 934 e seguintes proporciona a este uma ação especial denominada "Nunciação de obra nova". Aliás, o Código de Águas proíbe, também, qualquer construção que implique o despejo de água no vizinho. Também não é possível abrir janela ou fazer terraço a menos de um metro e meio do vizinho, o que lhe afeta a intimidade. Quem conhece bem os arrabaldes de São Paulo e Rio sabe que essas disposições muito pouco são observadas. Elas não se aplicam, entretanto, à parte do prédio que fica junto à rua, pois o outro lado está distante, a mais de um metro e meio.

O proprietário que anuir em janela, sacada, terraço ou goteira sobre seu prédio, só até o lapso de ano e dia após a conclusão da obra poderá exigir que se desfaça (art. 1.302). Em regra geral, os direitos de vizinhança não prescrevem, mas, se um proprietário der autorização para um vizinho construir em desacordo com a lei, terá o prazo de um ano e dia para voltar atrás; passando esse prazo, seu direito decairá.

Nos arts. 1.303 e 1.304, nosso código examina os imóveis rurais. Deve-se observar uma distância de 3 metros e meio do limite do terreno vizinho, para se fazer qualquer construção. Como o vizinho deve guardar a mesma postura, entende-se que as construções rurais sempre devem estar separadas por 6 metros. As normas reguladoras das construções muitas vezes são emitidas pelo governo municipal, pois os problemas apresentam-se de forma diferente em cada município. Os imóveis rurais situam-se, na quase totalidade, nos municípios do interior do país. Normalmente, as atividades rurais atraem insetos e exalam mau cheiro, razão pela qual cada região exige soluções diferentes, difíceis de serem estabelecidas por leis nacionais.

No tocante aos imóveis localizados nos centros urbanos, que o código chama de "cidades, vilas e povoados", temos também disposições bem claras e explícitas, complementadas pelas posturas municipais. Essas últimas têm muita importância pelo fato da regionalização dos problemas imobiliários. Exemplo sugestivo pode ser encontrado no Rio de Janeiro: no Leme e em Copacabana os prédios ergueram-se junto à praia, um contíguo ao outro, sem observar espaço entre eles, já que a Prefeitura não exigia esse espaçamento. Desenvolveu-se posteriormente a teoria de que um dos fatores do calor excessivo da cidade era proveniente da linha compacta de prédios, que não permitia a ventilação entre a praia e a cidade. Surgiu então a exigência municipal de um espaçamento entre prédios para permitir a livre circulação do ar. Essa nova exigência foi observada no bairro do Leblon, surgido posteriormente. Esse problema peculiar ao Rio de Janeiro pode não surgir em cidades de pequeno porte no interior dos estados.

Nas cidades, vilas e povoados, cuja edificação estiver adstrita a alinhamento, o dono de um terreno vago pode edificá-lo, madeirando na parede divisória do prédio contíguo, se ela agüentar a nova construção; mas terá de embolsar ao vizinho meio valor da parede e do chão correspondente (art. 1.304). O confinante, que primeiro construir, pode assentar a parede divisória até meia espessura no terreno contíguo, sem perder por isso o direito de haver meio valor dela, se o vizinho a travejar. Neste caso, o primeiro fixará a largura do alicerce, assim como a profundidade, se o terreno não for de rocha (art. 1.305). O princípio aplicado ainda é a eqüidade; se alguém constrói uma obra em benefício de seu vizinho, não será eqüitativo que esse vizinho se beneficie do trabalho alheio, o que será enriquecimento sem causa. Se a parede divisória pertencer a um dos vizinhos, e não tiver capacidade para ser travejada pelo outro, não poderá este fazer-lhe alicerce ao pé, sem prestar caução àquele pelo risco a que a insuficiência da nova obra exponha a construção anterior. O condômino da parede-meia pode utilizá-la até ao meio da espessura, não pondo em risco a segurança ou a separação dos dois prédios, e avisando previamente o outro consorte das obras que ali tencione fazer. Não pode, porém, sem consentimento do outro, fazer na parede-meia armários ou obras semelhantes, correspondendo a outras, da mesma natureza, já feitas do lado oposto (art. 1.306). Parede-meia é a comum entre dois prédios e lhes serve de separação; é, por exemplo, a parede comum a dois apartamentos, separando um do outro. Essa parede faz uma comunhão, pertencendo a ambos os imóveis. Acontece também entre duas casas; são as chamadas casas "geminadas". Não se confundem com casas justapostas; nestas haverá duas paredes, uma encostada à outra.

Poderá provocar interferências, que prejudiquem ou incomodem os vizinhos, a instalação de aparelhamentos que causem calor ou exalem fumaça. Por isso, prevê a lei certas limitações ao uso da propriedade, sempre visando à manutenção da política da boa vizinhança. O dono de um prédio ameaçado pela construção de chaminés, fogões, ou fornos, no contíguo, ainda que a parede seja comum, pode embargar a obra e exigir caução contra os prejuízos possíveis (art. 1.308). Não é lícito encostar à meia-parede, ou à parede do vizinho, sem permissão sua, fornalhas, fornos de forja ou de fundição, aparelhos higiênicos, fossos, cano de esgoto, depósito de sal ou de quaisquer substâncias corrosivas ou suscetíveis de produzir infiltrações daninhas (art. 1.308). Não se incluem nessas proibições a instalação de fornos de cozinha, chaminés ordinárias e os normais aparelhos domésticos.

9.8. Do direito de tapagem

Tapar tem o sentido de vedar, esconder, encobrir, donde a expressão "tapar o sol com a peneira". No Direito das Coisas representa o direito de um proprietário de manter sua intimidade e independência em seu imóvel criando um tapume, isolando-o dos demais. Essa divisão demarcatória e vedatória entre seu imóvel e outros procura também protegê-lo contra invasões de pessoas, animais e plantas nocivas, de tal forma que fique preservada sua propriedade. O proprietário tem direito a cercar, murar, valar, ou tapar de qualquer modo o seu prédio urbano ou rural, conformando-se com essas disposições:

a – os tapumes divisórios entre propriedades presumem-se comuns, sendo obrigados a concorrer, em partes iguais para as despesas de sua construção e conservação, os proprietários dos imóveis confinantes;

b – por "tapumes" entendem-se as sebes vivas, as cercas de arame ou de madeira, as valas ou banquetas, ou quaisquer outros meios de separação dos terrenos, observadas as dimensões estabelecidas em posturas municipais, de acordo com os costumes de cada localidade, contanto que impeçam a passagem de animais de grande porte, como gado vacum, cavalar e muar;

c – a obrigação de cercar as propriedades para deter nos seus limites aves domésticas e animais, tais como cabritos, porcos e carneiros, que exigem tapumes especiais, cabe exclusivamente aos proprietários e detentores;

d – quando for preciso decotar a cerca viva ou reparar o muro divisório, o proprietário terá o direito de entrar no terreno do vizinho, depois de o prevenir. Este direito, porém, não exclui a obrigação de indenizar ao vizinho todo o dano que a obra lhe ocasione;

e – serão feitas e conservadas as cercas marginais das vias públicas pela administração, a quem estas incumbirem, ou pelas pessoas ou empresas que as explorarem.

Novo Código Civil

CAPÍTULO V

Dos Direitos de Vizinhança

Seção I

Do Uso Anormal da Propriedade

Art. 1.277. O proprietário ou o possuidor de um prédio tem o direito de fazer cessar as interferências prejudiciais à segurança, ao sossego e à saúde dos que o habitam, provocadas pela utilização de propriedade vizinha.

Parágrafo único. Proíbem-se as interferências considerando-se a natureza da utilização, a localização do prédio, atendidas as normas que distribuem as edificações em zonas, e os limites ordinários de tolerância dos moradores da vizinhança.

Art. 1.278. O direito a que se refere o artigo antecedente não prevalece quando as interferências forem justificadas por interesse público, caso em que o proprietário ou o possuidor, causador delas, pagará ao vizinho indenização cabal.

Art. 1.279. Ainda que por decisão judicial devam ser toleradas as interferências, poderá o vizinho exigir a sua redução, ou eliminação, quando estas se tornarem possíveis.

Art. 1.280. O proprietário ou o possuidor tem direito a exigir do dono do prédio vizinho a demolição, ou a reparação deste, quando ameace ruína, bem como que lhe preste caução pelo dano iminente.

Art. 1.281. O proprietário ou o possuidor de um prédio, em que alguém tenha direito de fazer obras, pode, no caso de dano iminente, exigir do autor delas as necessárias garantias contra o prejuízo eventual.

Seção II

Das Árvores Limítrofes

Art. 1.282. A árvore, cujo tronco estiver na linha divisória, presume-se pertencer em comum aos donos dos prédios confinantes.

Art. 1.283. As raízes e os ramos de árvore, que ultrapassarem a estrema do prédio, poderão ser cortados, até o plano vertical divisório, pelo proprietário do terreno invadido.

Art. 1.284. Os frutos caídos de árvore do terreno vizinho pertencem ao dono do solo onde caíram, se este for de propriedade particular.

Seção III

Da Passagem Forçada

Art. 1.285. O dono do prédio que não tiver acesso a via pública, nascente ou porto, pode, mediante pagamento de indenização cabal, constranger o vizinho a lhe dar passagem, cujo rumo será judicialmente fixado, se necessário.

§ 1º. Sofrerá o constrangimento o vizinho cujo imóvel mais natural e facilmente se prestar à passagem.

§ 2º. Se ocorrer alienação parcial do prédio, de modo que uma das partes perca o acesso a via pública, nascente ou porto, o proprietário da outra deve tolerar a passagem.

§ 3º. Aplica-se o disposto no parágrafo antecedente ainda quando, antes da alienação, existia passagem através de imóvel vizinho, não estando o proprietário deste constrangido, depois, a dar uma outra.

Seção IV

Da Passagem de Cabos e Tubulações

Art. 1.286. Mediante recebimento de indenização que atenda, também, à desvalorização da área remanescente, o proprietário é obrigado a tolerar a passagem, através de seu imóvel, de cabos, tubulações e outros condutos subterrâneos de serviços de utilidade pública, em proveito de proprietários vizinhos, quando de outro modo for impossível ou excessivamente onerosa.

Parágrafo único. O proprietário prejudicado pode exigir que a instalação seja feita de modo menos gravoso ao prédio onerado, bem como, depois, seja removida, à sua custa, para outro local do imóvel.

Art. 1.287. Se as instalações oferecerem grave risco, será facultado ao proprietário do prédio onerado exigir a realização de obras de segurança.

Seção V

Das Águas

Art. 1.288. O dono ou o possuidor do prédio inferior é obrigado a receber as águas que correm naturalmente do superior, não podendo realizar obras que embaracem o seu fluxo; porém a condição natural e anterior do prédio inferior não pode ser agravada por obras feitas pelo dono ou possuidor do prédio superior.

Art. 1.289. Quando as águas, artificialmente levadas ao prédio superior, ou aí colhidas, correrem dele para o inferior, poderá o dono deste reclamar que se desviem, ou se lhe indenize o prejuízo que sofrer.

Parágrafo único. Da indenização será deduzido o valor do benefício obtido.

Art. 1.290. O proprietário de nascente, ou do solo onde caem águas pluviais, satisfeitas as necessidades de seu consumo, não pode impedir, ou desviar o curso natural das águas remanescentes pelos prédios inferiores.

Art. 1.291. O possuidor do imóvel superior não poderá poluir as águas indispensáveis às primeiras necessidades da vida dos possuidores dos imóveis inferiores; as demais, que poluir, deverá recuperar, ressarcindo os danos que estes sofrerem, se não for possível a recuperação ou o desvio do curso artificial das águas.

Art. 1.292. O proprietário tem direito de construir barragens, açudes, ou outras obras para represamento de água em seu prédio;

se as águas represadas invadirem prédio alheio, será o seu proprietário indenizado pelo dano sofrido, deduzido o valor do benefício obtido.

Art. 1.293. É permitido a quem quer que seja, mediante prévia indenização aos proprietários prejudicados, construir canais, através de prédios alheios, para receber as águas a que tenha direito, indispensáveis às primeiras necessidades da vida, e, desde que não cause prejuízo considerável à agricultura e à indústria, bem como para o escoamento de águas supérfluas ou acumuladas, ou a drenagem de terrenos.

§ 1º. Ao proprietário prejudicado, em tal caso, também assiste direito a ressarcimento pelos danos que de futuro lhe advenham da infiltração ou irrupção das águas, bem como da deterioração das obras destinadas a canalizá-las.

§ 2º. O proprietário prejudicado poderá exigir que seja subterrânea a canalização que atravessa áreas edificadas, pátios, hortas, jardins ou quintais.

§ 3º. O aqueduto será construído de maneira que cause o menor prejuízo aos proprietários dos imóveis vizinhos, e a expensas do seu dono, a quem incumbem também as despesas de conservação.

Art. 1.294. Aplica-se ao direito de aqueduto o disposto nos arts. 1.286 e 1.287.

Art. 1.295. O aqueduto não impedirá que os proprietários cerquem os imóveis e construam sobre ele, sem prejuízo para a sua segurança e conservação; os proprietários dos imóveis poderão usar das águas do aqueduto para as primeiras necessidades da vida.

Art. 1.296. Havendo no aqueduto águas supérfluas, outros poderão canalizá-las, para os fins previstos no art. 1.293, mediante pagamento de indenização aos proprietários prejudicados e ao dono do aqueduto, de importância equivalente às despesas que então seriam necessárias para a condução das águas até o ponto de derivação.

Parágrafo único. Têm preferência os proprietários dos imóveis atravessados pelo aqueduto.

Seção VI

Dos Limites entre Prédios e do Direito de Tapagem

Art. 1.297. O proprietário tem direito a cercar, murar, valar ou tapar de qualquer modo o seu prédio, urbano ou rural, e pode constranger o seu confinante a proceder com ele à demarcação entre os dois prédios, a aviventar rumos apagados e a renovar marcos destruídos ou arruinados, repartindo-se proporcionalmente entre os interessados as respectivas despesas.

§ 1º. Os intervalos, muros, cercas e os tapumes divisórios, tais como sebes vivas, cercas de arame ou de madeira, valas ou banquetas, presumem-se, até prova em contrário, pertencer a ambos os proprietários confinantes, sendo estes obrigados, de conformidade com os costumes da localidade, a concorrer, em partes iguais, para as despesas de sua construção e conservação.

§ 2º. As sebes vivas, as árvores, ou plantas quaisquer, que servem de marco divisório, só podem ser cortadas, ou arrancadas, de comum acordo entre proprietários.

§ 3º. A construção de tapumes especiais para impedir a passagem de animais de pequeno porte, ou para outro fim, pode ser exigida de quem provocou a necessidade deles, pelo proprietário, que não está obrigado a concorrer para as despesas.

Art. 1.298. Sendo confusos, os limites, em falta de outro meio, se determinarão de conformidade com a posse justa; e, não se achando ela provada, o terreno contestado se dividirá por partes iguais entre os prédios, ou, não sendo possível a divisão cômoda, se adjudicará a um deles, mediante indenização ao outro.

Seção VII

Do Direito de Construir

Art. 1.299. O proprietário pode levantar em seu terreno as construções que lhe aprouver, salvo o direito dos vizinhos e os regulamentos administrativos.

Art. 1.300. O proprietário construirá de maneira que o seu prédio não despeje águas, diretamente, sobre o prédio vizinho.

Art. 1.301. É defeso abrir janelas, ou fazer eirado, terraço ou varanda, a menos de metro e meio do terreno vizinho.

§ 1º. As janelas cuja visão não incida sobre a linha divisória, bem como as perpendiculares, não poderão ser abertas a menos de setenta e cinco centímetros.

§ 2º. As disposições deste artigo não abrangem as aberturas para luz ou ventilação, não maiores de dez centímetros de largura sobre vinte de comprimento e construídas a mais de dois metros de altura de cada piso.

Art. 1.302. O proprietário pode, no lapso de ano e dia após a conclusão da obra, exigir que se desfaça janela, sacada, terraço ou goteira sobre o seu prédio; escoado o prazo, não poderá, por sua vez, edificar sem atender ao disposto no artigo antecedente, nem impedir, ou dificultar, o escoamento das águas da goteira, com prejuízo para o prédio vizinho.

Parágrafo único. Em se tratando de vãos, ou aberturas para luz, seja qual for a quantidade, altura e disposição, o vizinho poderá, a todo tempo, levantar a sua edificação, ou contramuro, ainda que lhes vede a claridade.

Art. 1.303. Na zona rural, não será permitido levantar edificações a menos de três metros do terreno vizinho.

Art. 1.304. Nas cidades, vilas e povoados cuja edificação estiver adstrita a alinhamento, o dono de um terreno pode nele edificar, madeirando na parede divisória do prédio contíguo, se ela suportar a nova construção; mas terá de embolsar ao vizinho metade do valor da parede e do chão correspondentes.

Art. 1.305. O confinante, que primeiro construir, pode assentar a parede divisória até meia espessura no terreno contíguo, sem perder por isso o direito a haver meio valor dela se o vizinho a travejar, caso em que o primeiro fixará a largura e a profundidade do alicerce.

Parágrafo único. Se a parede divisória pertencer a um dos vizinhos, e não tiver capacidade para ser travejada pelo outro, não poderá este fazer-lhe alicerce ao pé sem prestar caução àquele, pelo risco a que expõe a construção anterior.

Art. 1.306. O condômino da parede-meia pode utilizá-la até ao meio da espessura, não pondo em risco a segurança ou a separação dos dois prédios, e avisando previamente o outro condômino das obras que ali tenciona fazer; não pode sem consentimento do outro, fazer, na parede-meia, armários, ou obras semelhantes, correspondendo a outras, da mesma natureza, já feitas do lado oposto.

Art. 1.307. Qualquer dos confinantes pode altear a parede divisória, se necessário reconstruindo-a, para suportar o alteamento; arcará com todas as despesas, inclusive de conservação, ou com metade, se o vizinho adquirir meação também na parte aumentada.

Art. 1.308. Não é lícito encostar à parede divisória chaminés, fogões, fornos ou quaisquer aparelhos ou depósitos suscetíveis de produzir infiltrações ou interferências prejudiciais ao vizinho.

Parágrafo único. A disposição anterior não abrange as chaminés ordinárias e os fogões de cozinha.

Art. 1.309. São proibidas construções capazes de poluir, ou inutilizar, para uso ordinário, a água do poço, ou nascente alheia, a elas preexistentes.

Art. 1.310. Não é permitido fazer escavações ou quaisquer obras que tirem ao poço ou à nascente de outrem a água indispensável às suas necessidades normais.

Art. 1.311. Não é permitida a execução de qualquer obra ou serviço suscetível de provocar desmoronamento ou deslocação de terra, ou que comprometa a segurança do prédio vizinho, senão após haverem sido feitas as obras acautelatórias.

Parágrafo único. O proprietário do prédio vizinho tem direito a ressarcimento pelos prejuízos que sofrer, não obstante haverem sido realizadas as obras acautelatórias.

Art. 1.312. Todo aquele que violar as proibições estabelecidas nesta Seção é obrigado a demolir as construções feitas, respondendo por perdas e danos.

Art. 1.313. O proprietário ou ocupante do imóvel é obrigado a tolerar que o vizinho entre no prédio, mediante prévio aviso, para:

I – dele temporariamente usar, quando indispensável à reparação, construção, reconstrução ou limpeza de sua casa ou do muro divisório;

II – apoderar-se de coisas suas, inclusive animais que aí se encontrem casualmente.

§ 1º. O disposto neste artigo aplica-se aos casos de limpeza ou reparação de esgotos, goteiras, aparelhos higiênicos, poços e nascentes e ao aparo de cerca viva.

§ 2º. Na hipótese do inciso II, uma vez entregues as coisas buscadas pelo vizinho, poderá ser impedida a sua entrada no imóvel.

§ 3º. Se do exercício do direito assegurado neste artigo provier dano, terá o prejudicado direito a ressarcimento.

10. DA PERDA DA PROPRIEDADE IMÓVEL

10.1. Os modos de perda da propriedade imóvel
10.2. A perda pela alienação
10.3. A perda pela renúncia
10.4. A perda pelo abandono
10.5. A perda pelo perecimento do imóvel
10.6. A perda pela desapropriação

10.1. Os modos de perda da propriedade imóvel

Tudo que pode ser adquirido pode ser perdido. Às vezes, a aquisição e a perda da propriedade constituem um só ato jurídico. Por exemplo: por um só contrato de compra e venda de um imóvel, o comprador adquire a propriedade ao mesmo tempo em que o vendedor a perde. A aquisição da propriedade é correlata à perda, exceto quando se tratar de modo originário de aquisição. O art. 1.275 aponta quatro casos de perda da propriedade imóvel, além dos casos de extinção. Trata-se porém de uma lista apenas exemplificativa, pois muitas outras maneiras encontram-se previstas em normas esparsas.

Analisemos um modo de perda da propriedade imóvel por decisão judicial. Um devedor inadimplente tem um imóvel penhorado, em vista de processo de execução; esse imóvel é arrematado em leilão e a sentença é registrada na circunscrição imobiliária. O arrematante adquiriu a propriedade do imóvel, ao mesmo tempo em que o devedor a perdeu. Exporemos outra hipótese: num divórcio, o patrimônio do casal é dividido entre os dois cônjuges; cada um terá perdido a parte que ficou com o outro. Também perde a propriedade o proprietário que morre, pois ela passa imediatamente para seus herdeiros.

Nosso código, porém, indica, na seção sobre esse tema, apenas quatro modos de perda da propriedade imóvel: pela alienação; pela renúncia; pelo abandono; pelo perecimento do imóvel.

10.2. A perda pela alienação

Alienação é o ato jurídico pelo qual o proprietário voluntariamente transfere uma coisa imóvel a outrem. Alienar é decorrência do *jus abutere*. O proprietário desfaz-se de seu imóvel, de forma onerosa, como na venda ou na dação em pagamento, ou gratuita, como na doação. Completa-se a alienação só no momento em que o título transmissivo, vale dizer, a escritura pública de compra e venda, for registrada na circunscrição imobiliária. Alguns juristas consideram o testamento como um modo de perda da propriedade.

Outros porém consideram o testamento uma transmissão *causa mortis* e quando ele adquire eficácia, o *de cujus* já houvera perdido a propriedade pela morte natural. A alienação, para esse segundo grupo, é essencialmente ato *inter vivos*.

10.3. A perda pela renúncia

A renúncia é um ato jurídico unilateral, pelo qual se abre mão de direitos. O proprietário declara expressamente sua vontade de despojar-se do domínio sobre um imóvel. É ato unilateral, porquanto não há necessidade de que alguém adquira esse imóvel. Da mesma forma que a alienação, a renúncia exige instrumento público e o registro desse título na circunscrição imobiliária.

10.4. A perda pelo abandono

O abandono do imóvel por largo tempo, mantido sem uso e sem defesa, implica a sua perda. É diferente da renúncia pois nesta há a vontade do *dominus*, concretizada em ato formal. No abandono, ao contrário, há a falta de vontade do dono para com sua propriedade: não há o *animus possidenti*, porém manifesto desinteresse. Não há título de abandono, não havendo portanto necessidade de registro. O desleixo, a desídia são as causas reveladoras do abandono. Exige-se porém que sejam reais, prolongadas, evidentes, caracterizadoras do *animus* de não mais ter como sua a coisa abandonada. Leve desídia, como o atraso no pagamento de impostos, não chega a caracterizar o abandono.

10.5. A perda pelo perecimento do imóvel

Se uma coisa perece, perece também o direito de propriedade sobre ela; não é possível haver propriedade sobre o que não existe. Perde-se o objeto da propriedade e, em conseqüência, o direito. Em nosso parecer, não há perda, mas extinção da propriedade, pois ela não se refaz, como não se refaz também o direito. Não é muito fácil o perecimento de um imóvel. Se for uma construção, pode ser destruída por um raio ou por um incêndio. Tratando-se de um terreno, há também possibilidade de destruição. No caso de aluvião ou avulsão é possível que as águas de um rio corroam ou arranquem totalmente um terreno de suas margens, transformando-a num álveo. Na Inglaterra, durante os últimos séculos, o mar foi desgastando as praias, fazendo desaparecer muitas terras. Inundações naturais chegam a cobrir muitas regiões, fazendo-as desaparecer. Quando a inundação for provocada, como acontece na construção de usinas hidrelétricas, o proprietário tem direito a indenização pela perda de sua propriedade.

10.6. A perda pela desapropriação

Também se perde a propriedade imóvel mediante desapropriação por necessidade ou utilidade pública. A desapropriação é um ato jurídico praticado pelo Poder Público, pelo qual este tira a propriedade de alguém, transferindo-a para seu domínio. Não é um ato arbitrário, mas previsto em lei e mediante prévia indenização ao antigo *dominus* do imóvel desapropriado. Além disso, tem de ser um ato motivado por dois tipos de motivação: de necessidade ou utilidade pública. É um instituto referido também na Constituição Federal de 1988, nos arts. 182, 184 e 185.

Conforme foi dito, a desapropriação é um ato do Poder Público, integrando-se portanto na área do direito público, razão pela qual não julgamos conveniente dar-lhe, neste pequeno compêndio de Direito Civil, o estudo que mereceria por parte do Direito Administrativo. Contudo, a questão merece comentários, pois as pessoas privadas são atingidas pelo direito. Além disso, equipara-se a desapropriação às demais formas de perda da propriedade, por conseguinte, tema de nossos estudos, olhando-os mais pelo lado do desapropriado do que do desapropriante, o que equivaleria a dizer, pelo lado do Direito Civil do que do Direito Administrativo. A desapropriação dá-se portanto por necessidade ou utilidade públicas, discriminação sem importância, porquanto a Constituição Federal adota como fundamento a "função social" da propriedade ou o "interesse social".

Consideram-se casos de necessidade pública a defesa do território nacional, a segurança pública, os socorros públicos em casos de calamidade, e a salubridade pública. Assim, por exemplo, se houver instalação de quartel num imóvel, os proprietários dos imóveis vizinhos encontram-se ameaçados pela possibilidade de ampliação das instalações militares.

Consideram-se casos de utilidade pública: a fundação de povoações e de estabelecimentos de assistência, educação ou instrução pública; a abertura, alargamento ou prolongamento de ruas, praças, canais, estradas de ferro e, em geral, de quaisquer vias públicas; a construção de obras ou estabelecimentos destinados ao bem geral de uma localidade, sua decoração e higiene; a exploração de minas. Tutela a lei, nesses casos, as pretensões do Poder Público em desenvolver certas regiões, valorizá-las com obras que as tornam mais úteis.

Contempla o direito um aspecto que não pode ser considerado nem direito nem perda da propriedade. Em caso de perigo iminente, como guerra ou comoção intestina, poderão as autoridades competentes usar da propriedade particular até onde o bem público o exija, garantido ao proprietário o direito à indenização posterior. Nos demais casos o proprietário será previamente indenizado, e, se recusar a indenização, consignar-se-lhe-á judicialmente o valor. Esse instituto é chamado de "requisição", ou, como diz a lei, "uso da propriedade particular". Há a perda da posse, mas não a da propriedade.

Novo Código Civil

CAPÍTULO IV

Da Perda da Propriedade

Art. 1.275. Além das causas consideradas neste Código, perde-se a propriedade:

I – por alienação;
II – pela renúncia;
III – por abandono;
IV – por perecimento da coisa;
V – por desapropriação.

Parágrafo único. Nos casos dos incisos I e II, os efeitos da perda da propriedade imóvel serão subordinados ao registro do título transmissivo ou do ato renunciativo no Registro de Imóveis.

Art. 1.276. O imóvel urbano que o proprietário abandonar, com a intenção de não mais o conservar em seu patrimônio, e que se não encontrar na posse de outrem, poderá ser arrecadado, como bem vago, e passar, três anos depois, à propriedade do Município ou à do Distrito Federal, se se achar nas respectivas circunscrições.

§ 1º. O imóvel situado na zona rural, abandonado nas mesmas circunstâncias, poderá ser arrecadado, como bem vago, e passar, três anos depois, à propriedade da União, onde quer que ele se localize.

§ 2º. Presumir-se-á de modo absoluto a intenção a que se refere este artigo, quando, cessados os atos de posse, deixar o proprietário de satisfazer os ônus fiscais.

11. DA AQUISIÇÃO E PERDA DA PROPRIEDADE MÓVEL

11.1. Modos originários e derivados
11.2. Da ocupação
11.3. Da invenção
11.4. Do tesouro
11.5. Da especificação
11.6. Da confusão, comistão e adjunção
11.7. Da usucapião
11.8. Da tradição

11.1. Modos originários e derivados

Os modos de aquisição e perda da propriedade móvel apresentam várias diferenças dos modos verificados na propriedade imóvel, mas há muitos pontos de semelhança. No mesmo estilo da propriedade imóvel, podem ser originários e derivados os modos de aquisição. A ocupação e a usucapião são os dois modos originários. A especificação, confusão, comistão, adjunção, tradição e sucessão hereditária são os seis modos derivados.

11.2. Da ocupação

Com o nome geral de ocupação apresentam-se três formas de aquisição originária de propriedade móvel: a ocupação propriamente dita, a invenção e o tesouro. Quem se assenhorear de coisa abandonada, ou ainda não apropriada, para logo lhe adquire a propriedade, não sendo essa ocupação proibida por lei. Volvem a não ter dono as coisas móveis, quando o seu as abandona, com intenção de renunciá-las (art. 1.263). Cuidamos das coisas que adquirem dono por serem encontradas: as coisas de ninguém (*res nullius*), as abandonadas (*res derelictae*) e as coisas comuns a todos (*res communis omnium*).

Quase tudo pode ser abandonado (*res derelictae*), mas, em nossos dias, não é mais fácil encontrar coisas sem dono, já que o mundo está superpovoado e cada um quer ter tudo, ainda que não lhe sirva no momento. Há um excessivo apego humano às coisas materiais fazendo os homens lançarem-se avidamente sobre a propriedade alheia; o que se poderá dizer sobre as coisas sem dono que as defenda? Mesmo assim, há intensa exploração de coisas a serem apropriadas da natureza, como as pedras preciosas. São coisas sem dono e sujeitas à apropriação os animais bravios, enquanto entregues à sua natural liberdade; os mansos e domesticados que não forem assinalados, se tiverem perdido o hábito de voltar ao lugar onde costumam recolher-se. Também os enxames de abelhas, anteriormente apropriados, se o dono das colméias, a quem pertenciam, os não reclamar imediatamente (neste caso serão eles uma *res derelictae*). São *res nullius* as pedras, conchas e outras substâncias minerais, vegetais ou animais arrojadas às praias pelo mar, se não apresentarem sinal de domínio anterior. São estes apenas exemplos, mas são inúmeros os casos de coisas ainda não apropriadas pelo homem.

Entre esses casos estão as coisas obtidas com a caça e a pesca, obedecendo-se o disposto das leis que dispõem sobre a proteção da fauna e da pesca. Observados os regulamentos administrativos da caça, poderá ela exercer-se em terras públicas ou nas particulares, com licença do dono, pertencendo ao caçador o animal por ele apreendido. Se o caçador for no encalço do animal e o tiver ferido, este lhe pertencerá, embora outrem o tenha apreendido. Se a caça ferida se acolher a terreno cercado, murado, valado ou cultivado, o dono deste, não querendo permitir a entrada do caçador, terá de a entregar ou expelir. Todavia, não se reputam animais de caça os domesticados que fugirem a seus donos, enquanto estes lhes andarem à procura. A caça a animais sem dono, porém, não justifica a invasão do domínio de outrem. Aquele que penetrar em terreno alheio, sem licença do dono, para caçar, perderá para este a caça que apanhar, e responder-lhe-á pelo dano que lhe cause.

Critérios bem parecidos são também adotados com a pesca. Pode-se pescar nas águas públicas, desde que obedecidas as normas legais. Em águas particulares, só com licença do dono da propriedade em que elas se encontrem. Se alguém desobedecer a essa norma pescando em águas alheias sem permissão do proprietário, perderá para este os peixes que apanhar e responder-lhe-á pelo dano que lhe fizer. Pertence ao pescador o peixe que pescar e o que, arpoado ou farpado, perseguir, embora outrem o colha. Caso um rio faça divisa entre dois ou mais imóveis particulares, o dono do terreno terá o direito de pescar na sua margem e na sua parte do leito do rio; não deverá porém ultrapassar a metade do leito do rio, que será a área pertencente ao vizinho.

11.3. Da invenção

Nome pouco apropriado para esse dispositivo e também mal colocado como um dos meios de aquisição da propriedade. A invenção é o encontro de uma coisa perdida. Não dá entretanto, a quem achar uma coisa perdida, o direito de domínio sobre a coisa achada. Por que então se encontra entre os modos de aquisição da propriedade móvel? Acreditamos que seja influência das Ordenações do Reino, o antigo Código português, que vigorou no Brasil até a entrada em vigor de nosso Código Civil, em 1º.1.1917. O atual Código Civil português, de 1967, mantém esse instituto, no art. 1.323, estabelecendo que o inventor, ao achar uma coisa perdida, deverá anunciar o achado. Se o dono não aparecer no prazo de um ano, a coisa achada passa para a propriedade de quem a achou. Critério semelhante adota o BGB; igualmente os arts. 927 a 929 do Código Civil italiano.

Entre nós é diferente: quem quer que ache coisa alheia perdida, há de restituí-la ao dono ou legítimo possuidor; não o conhecendo, o inventor fará por descobri-lo, e, quando se lhe não depare, entregará o objeto achado à autoridade competente do lugar (art. 1.233). O que restituir a coisa achada terá direito a uma recompensa e à indenização pelas despesas que houver feito com a conservação e transporte da coisa, se o dono não preferir abandoná-la (art. 1.234). Entretanto, o inventor responde pelos prejuízos causados ao proprietário ou possuidor legítimo, quando tiver procedido com dolo (art. 1.235). Em nossa opinião, deveria ser incluída a má-fé, como alguém que tenha achado uma coisa perdida e não procura descobrir quem seja o dono.

Decorridos seis meses do aviso à autoridade, não se apresentando ninguém que mostre domínio sobre a coisa, será esta vendida em hasta pública, e, deduzidas do preço as despesas, mais a recompensa do inventor, pertencerá o remanescente ao Estado, ou ao Distrito Federal, se nas respectivas circunscrições se deparou o objeto perdido, ou à União, se foi achado em território ainda não constituído em Estado (art. 1.237). Ante o exposto, podemos dizer que esta é uma forma de aquisição da propriedade pelo Estado. Seria então um problema de Direito Público. Em um capítulo denominado "Das coisas vagas", nos arts. 1.170 a 1.176, o Código de Processo Civil regulamenta o processo de leilão. Contudo, o art. 1.174 do Código de Processo Civil diz que se o dono preferir abandonar a coisa poderá o inventor requerer que lhe seja adjudicada.

Ante essa disposição, assume a invenção a natureza de um modo de aquisição da propriedade móvel.

11.4. Do tesouro

O depósito antigo de coisas preciosas, oculto e de cujo dono não haja memória, se alguém casualmente o achar em prédio alheio, dividir-se-á por igual entre o proprietário deste e quem achar (art. 1.264). Pelo visto, o tesouro é um tipo de invenção, tanto que é chamado de inventor quem o achar. Se quem o achar for dono do imóvel, algum empregado seu, pesquisador a seu serviço ou terceiro não autorizado pelo dono do imóvel, a este pertencerá inteiramente. Implica o tesouro que seu dono não seja identificado e encontrado; deixa de considerar-se tesouro o depósito achado se alguém mostrar que lhe pertence.

Situação especial ocorre se um tesouro for encontrado numa enfiteuse (instituto que será analisado neste compêndio). O aforamento ou enfiteuse é um acordo pelo qual o proprietário de um imóvel (senhorio direto) transfere a outra pessoa (enfiteuta) o domínio útil do imóvel. O enfiteuta passa a ser quase um proprietário, podendo usar, gozar e dispor do imóvel (*jus utendi, fruendi et abutendi*), mas fica com certas obrigações para com o proprietário, também chamado de nu-proprietário. Se o enfiteuta achar tesouro imóvel será dele, pois o enfiteuta é também o inventor. Se outra pessoa achar o tesouro, este será dividido entre o inventor e o enfiteuta.

11.5. Da especificação

Tanto quanto a invenção, o termo especificação é mal empregado. Especificar, de acordo com o Dicionário Contemporâneo da Língua Portuguesa, de Caldas Aulete, ao nosso modo de ver o mais indicado para advogados e juristas, traz como primeiro significado "declarar a espécie de", e ainda, "descrever circunstancialmente", "determinar de modo preciso e explícito". A especificação, sob o ponto de vista jurídico, não é nada disso. Consoante o art. 1.269, a especificação é o trabalho humano sobre a matéria-prima para obter espécie nova. É a transformação de uma coisa em outra, um tipo de fabricação, de indústria. O especificador, por sua indústria, por seu trabalho, obtém uma espécie nova, resultado da transformação da matéria-prima sobre a qual trabalhou, ainda que seja matéria-prima alheia (*ex aliena materia speciem aliquam facere* – da matéria alheia faz-se nova espécie).

Aquele que, trabalhando em matéria-prima, obtiver espécie nova, desta será proprietário se a matéria era sua, ainda que só em parte, e não se puder restituir à forma anterior (art. 1.269). Se toda a matéria-prima for alheia e não se puder reduzir à forma precedente, será do especificador de boa-fé a espécie nova; mas sendo praticável a redução, ou, quando impraticável, se a espécie nova se obteve de má-fé, pertencerá ao dono da matéria-prima. Em qualquer caso, contudo, se o preço da mão-de-obra exceder consideravelmente o valor da matéria-prima, a espécie nova será do especificador (art. 1.270). Conforme se pode notar, dois requisitos essenciais são exigidos pela especificação: a matéria-prima e a mão-de-obra. Se ambos pertencem ao especificador, é lógico que a nova espécie deva lhe pertencer. A mão-de-obra é sempre do especificador, mas a matéria-prima comporta três aspectos: pode pertencer totalmente ao especificador, totalmente a terceiros, ou parcialmente ao especificador. Se a matéria-prima não for totalmente do especificador, a nova espécie será dele se ele for de boa-fé, mas terá de indenizar o dono da matéria-prima. Por exemplo: um escultor faz uma estátua de uma pedra; verifica-se depois que a pedra é propriedade de outrem; neste caso, a estátua é do escultor (especificador), mas deverá indenizar o dono da pedra. Se, entretanto, o especificador tiver agido de má-fé, perderá a nova obra para o dono da pedra.

Analisemos a pintura de um quadro de alto nível artístico produzido por um pintor, mas pintado numa tela pertencente a outrem. O pintor sabia que a tela lhe não pertence, mas à outra pessoa, tendo, em conseqüência, agido de má-fé. Caberá a pintura à propriedade do pintor, apesar da má-fé, obrigando-se contudo a indenizar o dono da tela. Como pode a lei garantir vantagem a quem agiu de má-fé? É também questão de eqüidade: o dono da tela, objeto de pequeno valor, iria enriquecer-se sem mérito, adquirindo a propriedade de uma pintura de alto nível.

A especificação só se concretiza se a nova espécie não se puder restituir à forma anterior. O quadro pintado não poderia ser revertido à condição de simples tela. Trata-se de um modo derivado de aquisição da propriedade móvel, pois a matéria-prima era de um proprietário e passou para outro. Tanto a pedra como a tela mudaram de dono.

11.6. Da confusão, comistão e adjunção

Cuidam-se aqui de coisas que se misturam, se mesclam, formando um todo, mas essas coisas pertencem a donos diferentes. Forma-se uma coisa complexa, composta. Às vezes, essa coisa composta pode ser fracionada e voltar ao estado primitivo, separando-se todos os elementos que a compuseram; outras vezes, no entanto, não é possível haver separação. A confusão ocorre com coisas secas, sólidas, enquanto a comistão se observa com líquidos. A adjunção tem um sentido diferente. Esse termo origina-se etimologicamente de *adjungere* = juntar. A adjunção implica na justaposição de uma coisa a outra; deve ser de coisas semelhantes, como por exemplo, feijão de espécies diferentes, mas que se confundem. É difícil, por exemplo, juntar computadores com ovos e livros. Na adjunção, a coisa recebe um acréscimo.

As coisas pertencentes a diversos donos, confundidas, misturadas ou ajuntadas sem o consentimento deles, continuam a pertencer-lhes, sendo possível separá-las sem deterioração. Não o sendo, ou exigindo a separação dispêndio excessivo, subsiste indiviso o todo, cabendo a cada um dos donos quinhão proporcional ao valor da coisa, com que entrou para a mistura ou agregado. Se, porém, uma das coisas puder considerar-se principal, o dono sê-lo-á do todo, indenizando os outros. Se a confusão, adjunção ou mistura se operou de má-fé, à outra parte caberá escolher entre guardar o todo, pagando a porção que não for sua, ou renunciar à que lhe pertencer, mediante indenização completa.

Surgem várias hipóteses nessa mescla tríplice. Se a coisa puder ser fracionada, suas partes revertem à propriedade dos donos anteriores. Sendo impossível ou difícil a separação, o todo pertencerá ao dono das coisas que o compuseram, ficando cada um dono do todo proporcionalmente aos elementos formadores dele. Por exemplo: num graneleiro misturaram-se por engano uma tonelada de feijão roxinho, duas de feijão mulatinho e dez de feijão jalo. Essas treze toneladas de feijão misturado pertencerão aos três, na proporção com que entraram, ou seja, dez para um, uma para outro e duas para outro. Entretanto, o proprietário das dez toneladas poderá indenizar os outros dois, ficando com o todo. Conforme foi dito, a mistura não se deu de má-fé, mas por engano. Quem agiu de má-fé terá portanto de aguardar a solução da parte inocente, que poderá optar entre duas alternativas.

Se da mistura de matérias de natureza diversa se formar nova espécie, a confusão terá natureza de especificação para o efeito de atribuir o domínio ao respectivo autor. Esse fenômeno ocorre comumente entre líquidos ou produtos químicos. Se dois líquidos se misturam, confundem-se, formando um xarope; nesse caso, os líquidos foram a matéria-prima de uma nova espécie. Aplicam-se, por conseqüência, as normas da especificação, previstas nos arts. 611 a 614.

11.7. Da usucapião

Modo de aquisição, por excelência, de coisas imóveis, a usucapião é também utilizada na aquisição de coisas móveis. As regras são mais ou menos as mesmas, exceto quanto aos prazos, que são mais breves. Para a aquisição do domínio de coisas móveis pela usucapião, bastam três anos de posse sem interrupção nem oposição. Essa posse deve ser de boa-fé, não valendo posse sem justo título, inquinada de vício ou ainda original e superveniente de má-fé. Se a posse da coisa móvel se prolongar por cinco anos, produzirá usucapião independentemente de título de boa-fé, já que esta é presumida (arts. 1.260 a 1.262)

11.8. Da tradição

A tradição é a entrega efetiva da coisa do antigo proprietário ao novo; a coisa passa de mão em mão. É do sistema jurídico brasileiro que os atos translativos da propriedade móvel constem de duas partes: o comum acordo entre as partes para a transferência da propriedade e a tradição; só assim se opera a transferência da propriedade. É o que estabelece o art. 1.267: o domínio das coisas não se transfere pelos negócios jurídicos antes da tradição. Mas esta se subentende, quando o transmitente continua a possuir pelo constituto possessório. Se a coisa alienada estiver na posse de terceiro, obterá o adquirente a posse indireta pela cessão que lhe fizer o alienante de seu direito à restituição da coisa. Nos casos deste artigo e do antecedente, parte final, a aquisição da posse indireta equivale à tradição (art. 621). Feita por quem não seja proprietário, a tradição não aliena a propriedade. Mas, se o adquirente estiver de boa-fé e o alienante adquirir depois o domínio, considera-se revalidada a transferência e operado o efeito da tradição, desde o momento do seu ato. Também não transfere o domínio a tradição, quando tiver por título um ato nulo (art. 1.268, § 2º).

Para melhor compreensão do que foi explanado, tomemos por exemplo o contrato de compra e venda de um fogão. Uma dona de casa comprou o fogão em uma loja; houve um contrato de compra e venda de coisa móvel. Esse contrato só gerou para a loja a obrigação de entregar o fogão. No momento em que o fogão for entregue à compradora, aí sim, transferiu-se a propriedade, pois houve os dois requisitos essenciais: o acordo entre as partes e a tradição. Houve, nesse caso, a entrega real, isto é, a efetiva passagem do fogão das mãos do vendedor (*tradens*) para as da compradora (*accipiens*). Se o fogão estiver na fábrica e for retirado pela compradora, o vendedor dará à compradora uma cessão de direitos de propriedade. Haverá então uma tradição simbólica. A compradora, ao receber a cessão, já é proprietária do fogão, com direito de exigir da fábrica a coisa que lhe pertence.

Novo Código Civil

Seção II

Da Ocupação

Art. 1.263. Quem se assenhorear de coisa sem dono para logo lhe adquire a propriedade, não sendo essa ocupação defesa por lei.

Seção III

Do Achado do Tesouro

Art. 1.264. O depósito antigo de coisas preciosas, oculto e de cujo dono não haja memória, será dividido por igual entre o proprietário do prédio e o que achar o tesouro casualmente.

Art. 1.265. O tesouro pertencerá por inteiro ao proprietário do prédio, se for achado por ele, ou em pesquisa que ordenou, ou por terceiro não autorizado.

Art. 1.266. Achando-se em terreno aforado, o tesouro será dividido por igual entre o descobridor e o enfiteuta, ou será deste por inteiro quando ele mesmo seja o descobridor.

Seção IV

Da Tradição

Art. 1.267. A propriedade das coisas não se transfere pelos negócios jurídicos antes da tradição.

Parágrafo único. Subentende-se a tradição quando o transmitente continua a possuir pelo constituto possessório; quando cede ao adquirente o direito à restituição da coisa, que se encontra em poder de terceiro; ou quando o adquirente já está na posse da coisa, por ocasião do negócio jurídico.

Art. 1.268. Feita por quem não seja proprietário, a tradição não aliena a propriedade, exceto se a coisa, oferecida ao público, em leilão ou estabelecimento comercial, for transferida em circunstâncias tais que, ao adquirente de boa-fé, como a qualquer pessoa, o alienante se afigurar dono.

§ 1º. Se o adquirente estiver de boa-fé e o alienante adquirir depois a propriedade, considera-se realizada a transferência desde o momento em que ocorreu a tradição.

§ 2º. Não transfere a propriedade a tradição, quando tiver por título um negócio jurídico nulo.

Seção V

Da Especificação

Art. 1.269. Aquele que, trabalhando em matéria-prima em parte alheia, obtiver espécie nova, desta será proprietário, se não se puder restituir à forma anterior.

Art. 1.270. Se toda a matéria for alheia, e não se puder reduzir à forma precedente, será do especificador de boa-fé a espécie nova.

§ 1º. Sendo praticável a redução, ou quando impraticável, se a espécie nova se obteve de má-fé, pertencerá ao dono da matéria-prima.

§ 2º. Em qualquer caso, inclusive o da pintura em relação à tela, da escultura, escritura e outro qualquer trabalho gráfico em relação à matéria-prima, a espécie nova será do especificador, se o seu valor exceder consideravelmente o da matéria-prima.

Art. 1.271. Aos prejudicados, nas hipóteses dos arts. 1.269 e 1.270, se ressarcirá o dano que sofrerem, menos ao especificador de má-fé, no caso do § 1º do artigo antecedente, quando irredutível a especificação.

Seção VI

Da Confusão, da Comissão e da Adjunção

Art. 1.272. As coisas pertencentes a diversos donos, confundidas, misturadas ou adjuntadas sem o consentimento deles, continuam a pertencer-lhes, sendo possível separá-las sem deterioração.

§ 1º. Não sendo possível a separação das coisas, ou exigindo dispêndio excessivo, subsiste indiviso o todo, cabendo a cada um dos donos quinhão proporcional ao valor da coisa com que entrou para a mistura ou agregado.

§ 2º. Se uma das coisas puder considerar-se principal, o dono sê-lo-á do todo, indenizando os outros.

Art. 1.273. Se a confusão, comissão ou adjunção se operou de má-fé, à outra parte caberá escolher entre adquirir a propriedade do todo, pagando o que não for seu, abatida a indenização que lhe for devida, ou renunciar ao que lhe pertencer, caso em que será indenizado.

Art. 1.274. Se da união de matérias de natureza diversa se formar espécie nova, à confusão, comissão ou adjunção aplicam-se as normas dos arts. 1.272 e 1.273.

12. DO CONDOMÍNIO

12.1. Conceito e características
12.2. Direitos e deveres dos condôminos
12.3. Da administração do condomínio
12.4. Do condomínio em paredes, cercas, muros e valas
12.5. Do compáscuo
12.6. Divisão do condomínio
12.7. Do condomínio edilício
12.8. Da extinção do condomínio

12.1. Conceito e características

O próprio termo "condomínio" já sugere o sentido desse fenômeno jurídico: com-domínio ou domínio-com. Pelo condomínio, alguém tem o domínio de uma coisa com outra pessoa, vale dizer, uma mesma coisa pertence simultaneamente a mais de uma pessoa. É um aspecto interessante da propriedade, palavra cognata de "próprio"; propriedade comum será uma expressão incoerente, pelo menos no sentido etimológico. O espírito humano normalmente repele a possibilidade de formar um domínio com outras pessoas. Se um bando de ladrões comete um assalto e depois vai repartir o fruto de roubo ou de um furto verá as desavenças entre seus membros. O fruto do roubo forma um condomínio, pois pertence a todos os membros do bando. Na hora da divisão cada um julga-se dono de tudo e se matam; muitos morrem defendendo sua pretensão ao condomínio, que juridicamente não poderia constituir direito deles. Vê-se, por essa disputa de bens, comum nos grandes centros, o quanto é forte a avidez humana pelos bens, pela propriedade, em "ter" mais do que "ser" mais.

Todavia, a propriedade comum, o condomínio, já era sentido no antigo direito romano. O espólio, por exemplo, é um tipo de condomínio, até ser feita a partilha. A confusão e a comistão, há pouco estudadas como modos de aquisição da propriedade móvel, formam também tipos de co-propriedade. A mistura de vários tipos de feijão num só conjunto, pertencentes a vários donos, forma um condomínio, tendo quinhões pertencentes, de forma proporcional, aos donos dos feijões.

O capital de uma sociedade forma também um condomínio; cada sócio é dono do capital. O condômino é o *dominus* da coisa de forma total (*in solidum*), embora lhe caiba uma parte ideal. Podemos dizer que o condomínio tem dono no plural. Não se trata de domínio de cada condômino sobre uma parte da coisa, mas o direito real simultaneamente tido por diversos sujeitos sobre a mesma coisa, apesar de cada um com seu "quinhão" ideal. Exemplo típico e vulgar é o de um prédio de apartamentos em condomínio. Cada condômino é dono do seu apartamento, mas cada um é também dono do prédio todo; digamos então que não sejam donos, mas co-donos, co-proprietários. O prédio forma um todo indiviso; se houver divisão da coisa em condomínio, ele desaparece.

12.2. Direitos e deveres dos condôminos

Na propriedade em comum, compropriedade, ou condomínio, cada condômino ou consorte pode usar livremente da coisa conforme seu destino, e sobre ela exercer todos os direitos compatíveis com a indivisão. Há uma riqueza vocabular no direito do condomínio, que também é chamado de propriedade em comum, compropriedade ou co-propriedade; igualmente para o condômino, que é também chamado de co-proprietário, proprietário em comum e consorte. Esta última designação é menos aplicada nesse sentido, por ser de uso muito genérico: consorte é toda pessoa que participe da mesma sorte de outra, como o cônjuge, o sócio de uma empresa ou quem figura com outra pessoa como parte de um processo, donde a expressão "litisconsorte".

Ao dizer que o condômino pode usar da coisa conforme seu destino, pretende que a finalidade do condomínio seja respeitada; num prédio de apartamentos residenciais não pode o condômino montar uma oficina, da mesma forma que não pode instalar residência num prédio de escritórios. Não pode usar "livremente" do condomínio, como diz a lei, pois se trata de "um co-dono" e não "o dono". Muitas restrições cerceiam a sua liberdade, estabelecidas pela lei, pela Convenção de Condomínio ou pelas assembléias de condôminos. Se um condômino quiser trocar uma janela, terá de fazê-lo de acordo com o estilo do prédio; se quiser colocar uma porta artística, diferente das outras, terá de obter autorização do síndico. Não pode guardar na garagem do edifício mais de um carro por apartamento. Muitas disposições a este respeito foram estabelecidas pela Lei 4.591/64, chamada de Lei do Condomínio.

Assiste ainda ao condômino o direito de reivindicar a coisa comum em poder de terceiros. Embora seja um co-dono, não deixa de ter poderes de domínio; se um terceiro ilegalmente detiver parte do condomínio, poderá um condômino acionar o usurpador, independentemente do síndico, que é o representante legal do condomínio. O sucesso da ação beneficiará todo o condomínio.

O terceiro direito do condômino é o de alienar a respectiva parte indivisa, ou gravá-la. É o que acontece com apartamentos de um edifício. O art. 4º da Lei do Condomínio dispensa consentimento dos condôminos. Não há essa liberdade entretanto se for coisa indivisível, que deverá ser oferecida aos outros condôminos.

A manutenção do condomínio, e tomaremos sempre como exemplo um edifício de apartamentos, é tarefa das mais importantes. Tem ele de pagar impostos e taxas, devendo fazer um planejamento tributário; precisa manter um quadro de pessoal encarregado da manutenção e funcionamento. Certos condomínios têm parque infantil, piscinas, salão de festas e outras instalações trabalhosas. Alguns promovem festas e cursos. Transformam-se, às vezes, num universo de relações jurídicas. Essa manutenção exige despesas que aumentam cada vez mais. Há uns dez anos, quem alugasse apartamento pagava despesas de condomínio correspondentes a cinco ou seis vezes menos do que o aluguel, em condições normais. Hoje, é comum ver despesas de condomínio montando à metade do aluguel. O condômino é obrigado a concorrer, na proporção de sua parte, para as despesas de conservação ou divisão da coisa e suportar na mesma razão os ônus a que estiver sujeita. Se com isso não se conformar algum dos condôminos, será dividida a coisa, respondendo o quinhão de cada um pela sua parte nas despesas da divisão (art. 1.315).

As dívidas contraídas por um dos condôminos em proveito da comunidade, e durante ela, obrigam o contraente, mas asseguram-lhe ação regressiva contra os demais. Se algum deles não anuir, da mesma forma que no caso anterior, responderá o quinhão de cada um pela sua parte nas despesas. O condomínio poderá então executar essas dívidas por intermédio do síndico, inclusive com multa aplicável de acordo com a Convenção de Condomínio. Quando a dívida houver sido contraída por todos os condôminos, sem se discriminar a parte de cada um na obrigação coletiva nem se estipular solidariedade, entende-se que cada qual se obrigou proporcionalmente ao seu quinhão, ou sorte, na coisa comum (art. 1.317). É o princípio básico do direito condominial que o tamanho da fração ideal do condômino modula a extensão de seus direitos e deveres (Lei 4.591/64), que a fixação da quota do rateio corresponderá à fração ideal do terreno de cada unidade, a não ser que a Convenção estabeleça disposição em contrário.

Obriga-se o condômino a manter a unidade da aparência e funcionamento do condomínio, sem perturbá-los. Não lhe é permitido alterar a forma externa da fachada; decorar as parte externas com tonalidade ou cores diversas das empregadas no conjunto da edificação; destinar à unidade utilização diversa da finalidade do prédio, ou usá-la de forma nociva ou perigosa ao sossego, à salubridade e à segurança dos demais condôminos; embaraçar o uso das partes comuns. Enfim, nenhum dos comproprietários pode alterar a coisa comum sem o consenso dos outros. O transgressor ficará sujeito ao pagamento de multa prevista na Convenção de Condomínio ou no Regulamento, além de ser compelido a desfazer a obra ou abster-se da prática do ato, cabendo ao síndico, com autorização judicial, mandar desmanchá-la, à custa do transgressor, se este não a desfizer no prazo que lhe for estipulado.

12.3. Da administração do condomínio

Devido à intensa vida apresentada pelo condomínio, impõe-se administração centralizada, que possa atender aos interesses condominiais, com a observação dos princípios da boa vizinhança. A administração precisa ser regulamentada, adotando-se como norma básica a Convenção de Condomínio; os condôminos deverão reunir-se em assembléia para aprová-la. A Convenção de Condomínio, depois de aprovada, deverá ser registrada na Circunscrição Imobiliária, como também averbadas as eventuais alterações. Considera-se aprovada, e obrigatória para todos os condôminos, atuais e futuros, como para qualquer ocupante, a Convenção que reúna as assinaturas de titulares de direitos que representem, no mínimo, dois terços das frações ideais que compõem o condomínio. A Convenção será complementada pelo Regimento Interno, que estabelecerá a disciplina do funcionamento do condomínio, conforme as deliberações da assembléia.

A assembléia decidirá sobre as normas a serem adotadas pela Convenção, mas algumas são legalmente exigidas pelo art. 9º da Lei de Condomínio, tais como: discriminação das partes de propriedade exclusiva, e as de condomínio, com especificações das diferentes áreas; o destino das diferentes partes; o modo de usar as coisas e serviços comuns; encargos, forma e proporção das contribuições dos condôminos para as despesas de custeio e para as extraordinárias; o modo de escolher o síndico e o Conselho Consultivo; as atribuições do síndico, além das legais; a definição da natureza gratuita ou remunerada de suas funções; o modo e o prazo de convocação das assembléias gerais dos condôminos; o *quorum* para os diversos tipos de votações; a forma de contribuição para constituição de fundo de reserva; a forma e o *quorum* para a aprovação do Regimento Interno quando não incluídos na própria Convenção.

Para coordenar a administração do condomínio, a assembléia deverá eleger, na forma prevista pela Convenção, um síndico, cujo mandato não poderá exceder a dois anos, permitida a reeleição. Entre as muitas atribuições do síndico, deverão constar: representar ativa e passivamente o condomínio, em juízo ou fora dele, e praticar os atos de defesa dos interesses comuns nos limites das atribuições conferidas pela Lei de Condomínio ou pela Convenção; exercer a administração interna da edificação ou do conjunto de edificações, no que respeita à sua vigilância, moralidade e segurança, bem como aos serviços que interessam a todos os moradores; praticar os atos que lhe atribuírem as leis, a Convenção e o Regimento Interno; impor as multas estabelecidas na lei, na Convenção ou no Regimento Interno; cumprir e fazer cumprir a Convenção e Regimento Interno, bem como executar e fazer executar as deliberações da assembléia; prestar contas às assembléias dos condôminos; manter guardado durante o prazo de cinco anos, para eventuais necessidades de verificação contábil, toda a documentação relativa ao condomínio. Além do síndico, será eleito, na forma prevista na Convenção, um Conselho Consultivo constituído de três condôminos, com mandatos que não poderão exceder dois anos, permitida a reeleição. Funcionará o Conselho como órgão consultivo do síndico, para assessorá-lo na solução dos problemas que digam respeito ao condomínio, podendo a Convenção definir suas atribuições específicas.

12.4. Do condomínio em paredes, cercas, muros e valas

Algumas idéias a respeito dessa questão já foram levantadas no estudo sobre os limites entre imóveis. Entre dois terrenos, pode-se levantar um muro ou qualquer outro meio divisório. Essa obra de separação formará um condomínio entre os proprietários dos terrenos divididos. Dentro de um edifício de apartamentos em condomínio, novo condomínio se forma entre dois apartamentos: o da parede que os divide. Trata-se de uma parede comum a ambos, tendo cada um direito à meação dela: cada um é dono da metade de seu lado.

Nesse aspecto, a Lei de Condomínio, diz que o condomínio por meação de parede, soalhos e tetos das unidades isoladas regular-se-á pelo disposto no Código Civil, no que lhe for aplicável. O Código Civil por sua vez cuida dessa questão nos arts. 1.327 a 1.330. O proprietário que tiver direito a estremar um imóvel com paredes, cercas, muros, valas ou valados, tê-lo-á igualmente a adquirir meação na parede, muro, vala, valado ou cerca do vizinho, embolsando-lhe metade do que atualmente valer a obra e o terreno por ela ocupado. Não convindo os dois no preço da obra, será este arbitrado por peritos, a expensas de ambos os confinantes. Qualquer que seja o preço da meação, enquanto o que pretender a divisão não o pagar ou depositar, nenhum uso poderá fazer da parede, muro, vala, cerca ou qualquer outra obra divisória.

12.5. Do compáscuo

Consoante o nome sugere, é um condomínio formado não com prédios, mas com pastos (*cum-pascuus*). É a comunhão de um mesmo pasto para apascentar gado. Se o compáscuo em imóveis particulares for estabelecido por servidão, reger-se-á pelas normas desta. Se não, observar-se-á, no que lhe for aplicável, o disposto no capítulo sobre o condomínio, caso outra coisa não estipule o título de onde resulte a comunhão de pastos. Os compáscuos em terrenos baldios e públicos regular-se-á pelo disposto na legislação municipal.

Pode o compáscuo ser formado de várias maneiras, que nossa lei reconhece, mas não lhe traça uma regulamentação pormenorizada. O capim tem alguma semelhança com a água; esta nasce num imóvel, mas o dono desse imóvel não poderá sonegá-la, deixando outros imóveis desvalorizados pela seca. Pode ele utilizar a água que tiver, mas o que lhe sobrar, deve deixá-la seguir o curso natural para os terrenos em nível inferior. Idêntica política deve ser adotada com o capim que sobrar num imóvel. Vejamos entretanto os diversos modos de formação de compáscuo.

Pode também ser público, localizado em imóveis públicos ou então em terrenos baldios; nesse caso, a utilização dele deverá ser regulamentada pelas leis municipais. É possível ainda que dois ou mais proprietários tenham um terreno para pastagem comum do gado deles; ter-se-á então formado esse compáscuo por um contrato entre os proprietários, do qual deverão constar as normas reguladoras. Poderá ainda ser formado pelos terrenos de vários pecuaristas, mas conjugados para formar o pasto comum; terá esse tipo de compáscuo formação contratual e regulamentação constante no contrato. Haverá então um *jus compascendi* (direito de compáscuo), para pastagem em terreno comum ou alheio; aproxima-se esse direito ao *jus in re aliena* (direito sobre coisas alheias).

Outro sistema é o da servidão, que pelo que dá a entender o código, parece ser o mais aplicado na época da promulgação. Assim sendo, regula-se pelas normas da servidão; por isso, remetemos a questão ao capítulo referente a esse instituto.

12.6. Divisão do condomínio

Vamos repetir que propriedade em comunhão é uma afronta ao princípio de propriedade, termo originado de *próprio*. Tornou-se entretanto necessidade da vida moderna e, ao mesmo tempo, motivo de desavenças, a ponto de ser chamada de mãe da discórdia (*communio mater discordiarum est*). Não é de formação natural, mas forçada pelas contingências da vida. Por isso, é muitas vezes transitória, como é a herança, que se extingue com a partilha.

Uma coisa pode ser indivisível e, por isso, o condomínio é permanente, seja porque a indivisão é natural, seja porque a lei não o permita. Um muro entre dois terrenos não dá para ser dividido, como também um prédio de apartamentos. Se for contudo divisível, a todo tempo será lícito aos condôminos exigir a divisão da coisa comum; podem, porém, os consortes acordar que fique indivisa por termo não maior de cinco anos, suscetível de prorrogação ulterior (art. 1.320). A ação de divisão de condomínio está inserida no capítulo do Código de Processo Civil, denominado: "Da ação de divisão e da demarcação de terras particulares", nos arts. 946 a 949. Esta ação é imprescritível, donde a expressão "a todo tempo", usada no código. Restringe ainda a lei o estabelecimento da indivisão por testamento; se a indivisão for condição estabelecida pelo doador ou testador, entende-se que foi somente por cinco anos.

Quando a coisa for indivisível, ou se tornar, pela divisão, imprópria ao seu destino, e os consortes não quiserem adjudicá-la a um só, indenizando os outros, será vendida e repartido o preço, preferindo-se, na venda, em condições iguais de oferta, o condômino ao estranho, e entre os condôminos o que tiver na coisa benfeitorias mais valiosas, e, não as havendo, o de quinhão maior (art. 1.320, § 2º).

12.7. Do condomínio edilício

Nosso direito deu regulamentação sugestiva ao condomínio edilício, chamado às vezes de condomínio horizontal ou propriedade horizontal. Esta questão já fora levantada pela Lei 4.591/64, que dispõe sobre "condomínio em edificações", razão por que se observa a relevância desse tema há 40 anos atrás, mas se agrava a todo instante, não só nas grandes cidades, como nas médias e pequenas. Não é difícil fazer idéia do que seja condomínio edilício, pois é o tipo mais comum e sugestivo. São os edifícios de apartamentos e escritórios. Vejamos a distribuição de um prédio de apartamentos; o condômino tem seu apartamento, um imóvel de uso exclusivo, uma unidade particular. Ele é o dono do apartamento, não um co-dono. Contudo, no prédio há o saguão de entrada, os corredores, o elevador, jardins, garagem, que são de uso comum;

para essas coisas ele não é o dono mas co-dono. Há também o problema do terreno, em que toca a cada um fração ideal. Será também co-dono das instalações elétricas, hidráulicas e sanitárias, ou de gás.

Pode haver, em edificações, partes que são propriedade exclusiva, e partes que são propriedade comum dos condôminos (art. 1.331):

– propriedade exclusiva – é área privativa, suscetível de utilização independente, tais como apartamentos, escritórios, salas, lojas, sobrelojas ou abrigos para veículos, com as respectivas frações ideais no solo e nas outras partes comuns, sujeitando-se a propriedade exclusiva, podendo ser alienadas ou gravadas livremente por seus proprietários. Nenhuma unidade imobiliária pode ser privada do acesso ao logradouro público.

– propriedade comum – é a área de uso comum, como o solo, a estrutura do prédio, o telhado, a rede geral de distribuição de água, esgoto, gás e eletricidade, a calefação e refrigeração centrais e as demais partes comuns, inclusive o acesso ao logradouro público. São utilizados em comum pelos condôminos, não podendo ser alienados separadamente, ou divididos. A fração ideal do solo e as outras partes comuns é proporcional ao valor da unidade imobiliária, o qual se calcula em relação ao conjunto da edificação. O terraço de cobertura é também parte comum, salvo disposição contrária da escritura de constituição do condomínio.

Constituição

Institui-se o condomínio edilício por ato entre vivos ou testamento, registrado no Cartório de Registro de Imóveis, devendo constar daquele ato, além do disposto em lei especial, a discriminação e individualização das unidades de propriedade exclusiva, estremadas uma das outras e das partes comuns. Deverá constar ainda a determinação da fração ideal atribuída a cada unidade, relativamente ao terreno e partes comuns, bem como o fim a que as unidades se destinam.

O condomínio edilício será constituído por convenção dos condôminos, convenção esta subscrita pelos titulares de, no mínimo dois terços das frações ideais e registrada no Cartório de Registro de Imóveis para que possa valer contra terceiros. A convenção de condôminos vale para todos, vale dizer, torna-se obrigatória para os titulares de direito sobre as unidades, ou para tantos quantos sobre elas tenham posse ou detenção.

A convenção estabelece o regulamento ou regimento interno com cláusulas que os condôminos adotarem. Determinará a quota proporcional e o modo de pagamento das contribuições dos condôminos para atender às despesas ordinárias e extraordinárias do condomínio. Estabelece também a forma de administração do condomínio, a competência das assembléias, forma de sua convocação e "quorum" exigido para as deliberações.

12.8. Da extinção do condomínio

Se os condôminos formam o condomínio, terão eles a faculdade de desfazê-lo, por livre e espontânea vontade. Às vezes, porém, as circunstâncias obrigam à extinção do condomínio, embora deva haver a participação dos condôminos. Se a edificação for total ou consideravelmente destruída, ou ameace ruína, os condôminos deliberarão em assembléia sobre a reconstrução, ou venda, por votos que representem metade mais uma das frações ideais (art. 1.357).

Haverá então duas opções dos condôminos: poderão vender o bem em condomínio e assim ele se desfaz. Poderão às vezes, optar pela reconstrução do bem semidestruído. Deliberada a reconstrução, poderá o condômino eximir-se do pagamento das despesas respectivas alienando os seus direitos a outros condôminos, mediante avaliação judicial. Neste caso, é respeitada não só a vontade do condômino mas seu interesse em novo investimento ou sua possibilidade momentânea. Não havendo possibilidade de o condomínio participar da reconstrução, deverá ele vender seu quinhão, dando-se preferência a um dos condôminos.

Poderá a parte do condômino ser adquirida pelo próprio condomínio, repartindo-se entre os demais condôminos proporcionalmente ao valor de suas unidades imobiliárias. Assim será feito também no caso de haver desapropriação do bem em condomínio; a indenização será paga na proporção do valor da unidade de cada um.

Novo Código Civil

CAPÍTULO VI

Do Condomínio Geral

Seção I

Do Condomínio Voluntário

Subseção I

Dos Direitos e Deveres dos Condôminos

Art. 1.314. Cada condômino pode usar da coisa conforme sua destinação, sobre ela exercer todos os direitos compatíveis com a indivisão, reivindicá-la de terceiro, defender a sua posse e alhear a respectiva parte ideal, ou gravá-la.

Parágrafo único. Nenhum dos condôminos pode alterar a destinação da coisa comum, nem dar posse, uso ou gozo dela a estranhos, sem o consenso dos outros.

Art. 1.315. O condômino é obrigado, na proporção de sua parte, a concorrer para as despesas de conservação ou divisão da coisa, e a suportar os ônus a que estiver sujeita.

Parágrafo único. Presumem-se iguais as partes ideais dos condôminos.

Art. 1.316. Pode o condômino eximir-se do pagamento das despesas e dívidas, renunciando à parte ideal.

§ 1º. Se os demais condôminos assumem as despesas e as dívidas, a renúncia lhes aproveita, adquirindo a parte ideal de quem renunciou, na proporção dos pagamentos que fizerem.

§ 2º. Se não há condômino que faça os pagamentos, a coisa comum será dividida.

Art. 1.317. Quando a dívida houver sido contraída por todos os condôminos, sem se discriminar a parte de cada um na obrigação, nem se estipular solidariedade, entende-se que cada qual se obrigou proporcionalmente ao seu quinhão na coisa comum.

Art. 1.318. As dívidas contraídas por um dos condôminos em proveito da comunhão, e durante ela, obrigam o contratante; mas terá este ação regressiva contra os demais.

Art. 1.319. Cada condômino responde aos outros pelos frutos que percebeu da coisa e pelo dano que lhe causou.

Art. 1.320. A todo tempo será lícito ao condômino exigir a divisão da coisa comum, respondendo o quinhão de cada um pela sua parte nas despesas da divisão.

§ 1º. Podem os condôminos acordar que fique indivisa a coisa comum por prazo não maior de cinco anos, suscetível de prorrogação ulterior.

§ 2º. Não poderá exceder de cinco anos a indivisão estabelecida pelo doador ou pelo testador.

§ 3º. A requerimento de qualquer interessado e se graves razões o aconselharem, pode o juiz determinar a divisão da coisa comum antes do prazo.

Art. 1.321. Aplicam-se à divisão do condomínio, no que couber, as regras de partilha de herança (arts. 2.013 a 2.022).

Art. 1.322. Quando a coisa for indivisível, e os consortes não quiserem adjudicá-la a um só, indenizando os outros, será vendida e repartido o apurado, preferindo-se, na venda, em condições iguais de oferta, o condômino ao estranho, e entre os condôminos aquele que tiver na coisa benfeitorias mais valiosas, e, não as havendo, o de quinhão maior.

Parágrafo único. Se nenhum dos condôminos tem benfeitorias na coisa comum e participam todos do condomínio em partes iguais, realizar-se-á licitação entre estranhos e, antes de adjudicada a coisa àquele que ofereceu maior lanço, proceder-se-á à licitação entre os condôminos, a fim de que a coisa seja adjudicada a quem afinal oferecer melhor lanço, preferindo, em condições iguais, o condômino ao estranho.

Subseção II

Da Administração do Condomínio

Art. 1.323. Deliberando a maioria sobre a administração da coisa comum, escolherá o administrador, que poderá ser estranho ao condomínio; resolvendo alugá-la, preferir-se-á, em condições iguais, o condômino ao que não o é.

Art. 1.324. O condômino que administrar sem oposição dos outros presume-se representante comum.

Art. 1.325. A maioria será calculada pelo valor dos quinhões.

§ 1º. As deliberações serão obrigatórias, sendo tomadas por maioria absoluta.

§ 2º. Não sendo possível alcançar maioria absoluta, decidirá o juiz, a requerimento de qualquer condômino, ouvidos os outros.

§ 3º. Havendo dúvida quanto ao valor do quinhão, será este avaliado judicialmente.

Art. 1.326. Os frutos da coisa comum, não havendo em contrário estipulação ou disposição de última vontade, serão partilhados na proporção dos quinhões.

Seção II

Do Condomínio Necessário

Art. 1.327. O condomínio por meação de paredes, cercas, muros e valas regula-se pelo disposto neste Código (arts. 1.297 e 1.298; 1.304 a 1.307).

Art. 1.328. O proprietário que tiver direito a estremar um imóvel com paredes, cercas, muros, valas ou valados, tê-lo-á igualmente a adquirir meação na parede, muro, valado ou cerca do vizinho, embolsando-lhe metade do que atualmente valer a obra e o terreno por ela ocupado (art. 1.297).

Art. 1.329. Não convindo os dois no preço da obra, será este arbitrado por peritos, a expensas de ambos os confinantes.

Art. 1.330. Qualquer que seja o valor da meação, enquanto aquele que pretender a divisão não o pagar ou depositar, nenhum uso poderá fazer na parede, muro, vala, cerca ou qualquer outra obra divisória.

CAPÍTULO VII

Do Condomínio Edilício

Seção I

Disposições Gerais

Art. 1.331. Pode haver, em edificações, partes que são propriedade exclusiva, e partes que são propriedade comum dos condôminos.

§ 1º. As partes suscetíveis de utilização independente, tais como apartamentos, escritórios, salas, lojas, sobrelojas ou abrigos para veículos, com as respectivas frações ideais no solo e nas outras partes comuns, sujeitam-se a propriedade exclusiva, podendo ser alienadas e gravadas livremente por seus proprietários.

§ 2º. O solo, a estrutura do prédio, o telhado, a rede geral de distribuição de água, esgoto, gás e eletricidade, a calefação e refrigeração centrais, e as demais partes comuns, inclusive o acesso ao logradouro público, são utilizados em comum pelos condôminos, não podendo ser alienados separadamente, ou divididos.

§ 3º. A fração ideal no solo e nas outras partes comuns é proporcional ao valor da unidade imobiliária, o qual se calcula em relação ao conjunto da edificação.

§ 4º. Nenhuma unidade imobiliária pode ser privada do acesso ao logradouro público.

§ 5º. O terraço de cobertura é parte comum, salvo disposição contrária da escritura de constituição do condomínio.

Art. 1.332. Institui-se o condomínio edilício por ato entre vivos ou testamento, registrado no Cartório de Registro de Imóveis, devendo constar daquele ato, além do disposto em lei especial:

I – a discriminação e individualização das unidades de propriedade exclusiva, estremadas uma das outras e das partes comuns;

II – a determinação da fração ideal atribuída a cada unidade, relativamente ao terreno e partes comuns;

III – o fim a que as unidades se destinam.

Art. 1.333. A convenção que constitui o condomínio edilício deve ser subscrita pelos titulares de, no mínimo, dois terços das frações ideais e torna-se, desde logo, obrigatória para os titulares de direito sobre as unidades, ou para quantos sobre elas tenham posse ou detenção.

Parágrafo único. Para ser oponível contra terceiros, a convenção do condomínio deverá ser registrada no Cartório de Registro de Imóveis.

Art. 1.334. Além das cláusulas referidas no art. 1.332 e das que os interessados houverem por bem estipular, a convenção determinará:

I – a quota proporcional e o modo de pagamento das contribuições dos condôminos para atender às despesas ordinárias e extraordinárias do condomínio;

II – sua forma de administração;

III – a competência das assembléias, forma de sua convocação e quorum exigido para as deliberações;

IV – as sanções a que estão sujeitos os condôminos, ou possuidores;

V – o regimento interno.

§ 1º. A convenção poderá ser feita por escritura pública ou por instrumento particular.

§ 2º. São equiparados aos proprietários, para os fins deste artigo, salvo disposição em contrário, os promitentes compradores e os cessionários de direitos relativos às unidades autônomas.

Art. 1.335. São direitos do condômino:

I – usar, fruir e livremente dispor das suas unidades;

II – usar das partes comuns, conforme a sua destinação, e contanto que não exclua a utilização dos demais compossuidores;

III – votar nas deliberações da assembléia e delas participar, estando quite.

Art. 1.336. São deveres do condômino:

I – contribuir para as despesas do condomínio, na proporção de suas frações ideais;

II – não realizar obras que comprometam a segurança da edificação;

III – não alterar a forma e a cor da fachada, das partes e esquadrias externas;

IV – dar às suas partes a mesma destinação que tem a edificação, e não as utilizar de maneira prejudicial ao sossego, salubridade e segurança dos possuidores, ou aos bons costumes.

§ 1º. O condômino que não pagar a sua contribuição ficará sujeito aos juros moratórios convencionados ou, não sendo previstos, os de um por cento ao mês e multa de até dois por cento sobre o débito.

§ 2º. O condômino, que não cumprir qualquer dos deveres estabelecidos nos incisos II a IV, pagará a multa prevista no ato constitutivo ou na convenção, não podendo ela ser superior a cinco vezes o valor de suas contribuições mensais, independentemente das perdas e danos que se apurarem; não havendo disposição expressa, caberá à assembléia geral, por dois terços no mínimo dos condôminos restantes, deliberar sobre a cobrança da multa.

Art. 1337. O condômino, ou possuidor, que não cumpre reiteradamente com os seus deveres perante o condomínio poderá, por deliberação de três quartos dos condôminos restantes, ser constrangido a pagar multa correspondente até ao quíntuplo do valor atribuído à contribuição para as despesas condominiais, conforme a gravidade das faltas e a reiteração, independentemente das perdas e danos que se apurem.

Parágrafo único. O condômino ou possuidor que, por seu reiterado comportamento anti-social, gerar incompatibilidade de convivência com os demais condôminos ou possuidores, poderá ser constrangido a pagar multa correspondente ao décuplo do valor atribuído à contribuição para as despesas condominiais, até ulterior deliberação da assembléia.

Art. 1.338. Resolvendo o condômino alugar área no abrigo para veículos, preferir-se-á, em condições iguais, qualquer dos condôminos a estranhos, e, entre todos, os possuidores.

Art. 1.339. Os direitos de cada condômino às partes comuns são inseparáveis de sua propriedade exclusiva; são também inseparáveis das frações ideais correspondentes as unidades imobiliárias, com as suas partes acessórias.

§ 1º. Nos casos deste artigo é proibido alienar ou gravar os bens em separado.

§ 2º. É permitido ao condômino alienar parte acessória de sua unidade imobiliária a outro condômino, só podendo fazê-lo a terceiro se essa faculdade constar do ato constitutivo do condomínio, e se a ela não se opuser a respectiva assembléia geral.

Art. 1.340. As despesas relativas a partes comuns de uso exclusivo de um condômino, ou de alguns deles, incumbem a quem delas se serve.

Art. 1.341. A realização de obras no condomínio depende:

I – se voluptuárias, de voto de dois terços dos condôminos;

II – se úteis, de voto da maioria dos condôminos.

§ 1º. As obras ou reparações necessárias podem ser realizadas, independentemente de autorização, pelo síndico, ou, em caso de omissão ou impedimento deste, por qualquer condômino.

§ 2º. Se as obras ou reparos necessários forem urgentes e importarem em despesas excessivas, determinada sua realização, o síndico ou o condômino que tomou a iniciativa delas dará ciência à assembléia, que deverá ser convocada imediatamente.

§ 3º. Não sendo urgentes, as obras ou reparos necessários, que importarem em despesas excessivas, somente poderão ser efetuadas após autorização da assembléia, especialmente convocada pelo síndico, ou, em caso de omissão ou impedimento deste, por qualquer dos condôminos.

§ 4º. O condômino que realizar obras ou reparos necessários será reembolsado das despesas que efetuar, não tendo direito à restituição das que fizer com obras ou reparos de outra natureza, embora de interesse comum.

Art. 1.342. A realização de obras, em partes comuns, em acréscimo às já existentes, a fim de lhes facilitar ou aumentar a utilização, depende da aprovação de dois terços dos votos dos condôminos, não sendo permitidas construções, nas partes comuns, suscetíveis de prejudicar a utilização, por qualquer dos condôminos, das partes próprias, ou comuns.

Art. 1.343. A construção de outro pavimento, ou, no solo comum, de outro edifício, destinado a conter novas unidades imobiliárias, depende da aprovação da unanimidade dos condôminos.

Art. 1.344. Ao proprietário do terraço de cobertura incumbem as despesas da sua conservação, de modo que não haja danos às unidades imobiliárias inferiores.

Art. 1.345. O adquirente de unidade responde pelos débitos do alienante, em relação ao condomínio, inclusive multas e juros moratórios.

Art. 1.346. É obrigatório o seguro de toda a edificação contra o risco de incêndio ou destruição, total ou parcial.

Seção II

Da Administração do Condomínio

Art. 1.347. A assembléia escolherá um síndico, que poderá não ser condômino, para administrar o condomínio, por prazo não superior a dois anos, o qual poderá renovar-se.

Art. 1.348. Compete ao síndico:

I – convocar a assembléia dos condôminos;

II – representar, ativa e passivamente, o condomínio, praticando, em juízo ou fora dele, os atos necessários à defesa dos interesses comuns;

III – dar imediato conhecimento à assembléia da existência de procedimento judicial ou administrativo, de interesse do condomínio;

IV – cumprir e fazer cumprir a convenção, o regimento interno e as determinações da assembléia;

V – diligenciar a conservação e a guarda das partes comuns e zelar pela prestação dos serviços que interessem aos possuidores;

VI – elaborar o orçamento da receita e da despesa relativa a cada ano;

VII – cobrar dos condôminos as suas contribuições, bem como impor e cobrar as multas devidas;

VIII – prestar contas à assembléia, anualmente e quando exigidas;

IX – realizar o seguro da edificação.

§ 1º. Poderá a assembléia investir outra pessoa, em lugar do síndico, em poderes de representação.

§ 2º. O síndico pode transferir a outrem, total ou parcialmente, os poderes de representação ou as funções administrativas, mediante aprovação da assembléia, salvo disposição em contrário da convenção.

Art. 1.349. A assembléia, especialmente convocada para o fim estabelecido no § 2º do artigo antecedente, poderá, pelo voto da maioria absoluta de seus membros, destituir o síndico que praticar irregularidades, não prestar contas, ou não administrar convenientemente o condomínio.

Art. 1.350. Convocará o síndico, anualmente, reunião da assembléia dos condôminos, na forma prevista na convenção, a fim de aprovar o orçamento das despesas, as contribuições dos condôminos e a prestação de contas, e eventualmente eleger-lhe o substituto e alterar o regimento interno.

§ 1º. Se o síndico não convocar a assembléia, um quarto dos condôminos poderá fazê-lo.

§ 2º. Se a assembléia não se reunir, o juiz decidirá, a requerimento de qualquer condômino.

Art. 1.351. Depende da aprovação de dois terços dos votos dos condôminos a alteração da convenção e do regimento interno; a mudança da destinação do edifício, ou da unidade imobiliária, depende de aprovação pela unanimidade dos condôminos.

Art. 1.352. Salvo quando exigido quorum especial, as deliberações da assembléia serão tomadas, em primeira convocação, por maioria de votos dos condôminos presentes que representem pelo menos metade das frações ideais.

Parágrafo único. Os votos serão proporcionais às frações ideais no solo e nas outras partes comuns pertencentes a cada condômino, salvo disposição diversa da convenção de constituição do condomínio.

Art. 1.353. Em segunda convocação, a assembléia poderá deliberar por maioria dos votos dos presentes, salvo quando exigido quorum especial.

Art. 1.354. A assembléia não poderá deliberar se todos os condôminos não forem convocados para a reunião.

Art. 1.355. Assembléias extraordinárias poderão ser convocadas pelo síndico ou por um quarto dos condôminos.

Art. 1.356. Poderá haver no condomínio um conselho fiscal, composto de três membros, eleitos pela assembléia, por prazo não superior a dois anos, ao qual compete dar parecer sobre as contas do síndico.

Seção III

Da Extinção do Condomínio

Art. 1.357. Se a edificação for total ou consideravelmente destruída, ou ameace ruína, os condôminos deliberarão em assembléia sobre a reconstrução, ou venda, por votos que representem metade mais uma das frações ideais.

§ 1º. Deliberada a reconstrução, poderá o condômino eximir-se do pagamento das despesas respectivas, alienando os seus direitos a outros condôminos, mediante avaliação judicial.

§ 2º. Realizada a venda, em que se preferirá, em condições iguais de oferta, o condômino ao estranho, será repartido o apurado entre os condôminos, proporcionalmente ao valor das suas unidades imobiliárias.

Art. 1.358. Se ocorrer desapropriação, a indenização será repartida na proporção a que se refere o § 2º do artigo antecedente.

13. DA PROPRIEDADE RESOLÚVEL

13.1. Conceito e normas
13.2. Aplicações legais da propriedade resolúvel

13.1. Conceito e normas

Quem adquire a propriedade de uma coisa pretende que seja essa propriedade plena, perfeita, perpétua. Verifica-se às vezes a propriedade revogável, rescindível ou extinguível, como é o caso da propriedade resolúvel. Trata-se entretanto de incidência excepcional, só aceita quando prevista pela lei ou pela vontade das partes. Entende-se como propriedade resolúvel aquela em que os direitos que a constituem estão sujeitos a revogação, submetidos ao implemento de uma condição ou pelo advento de um termo. Ao se constituir a propriedade, consta no próprio título a condição ou o termo que a extinguirá; é pois uma propriedade condicional e temporária.

Resolvido o domínio pelo implemento da condição ou pelo advento do termo, entende-se também resolvidos os direitos reais concedidos na sua pendência, e o proprietário, em cujo favor se opera a resolução, pode reivindicar a coisa do poder de quem a detenha (art. 1.359). Se, porém, o domínio se resolver por outra causa superveniente, o possuidor, que o tiver adquirido por título anterior à resolução, será considerado proprietário perfeito, restando à pessoa, em cujo benefício houve a resolução, ação contra aquele cujo domínio se resolveu para haver a própria coisa ou seu valor (art. 1.360). Compreenderemos melhor o que dispõe a lei, examinando as diversas aplicações da propriedade resolúvel previstas em nosso direito.

13.2. Aplicações legais da propriedade resolúvel

Nossa lei contempla vários casos de propriedade resolúvel, abaixo enumerados e dos quais falaremos levemente e de forma exemplificativa, uma vez que fazem parte de outros capítulos do Código Civil ou de outras leis. A alienação fiduciária em garantia, por exemplo, é instituto próprio do Direito Empresarial. Vamos apontar seis exemplos:

a – alienação fiduciária em garantia;
b – fideicomisso;
c – retrovenda;

d – doação com cláusula de reversão;
e – venda a contento sob condição resolutiva;
f – compra e venda com pacto de melhor comprador.

a – ALIENAÇÃO FIDUCIÁRIA EM GARANTIA – Essa operação é muito utilizada na aquisição de bens, principalmente de veículos. Se alguém comprar um carro numa concessionária, com financiamento, por uma sociedade financeira, efetua esse tipo de negócio. Ao receber o carro, o comprador o aliena para a sociedade financeira, que passa a ser a possuidora indireta do bem, mas o domínio resolúvel lhe pertence. O comprador do carro, ao aliená-lo, perde o domínio mas fica com o carro; é um possuidor indireto. Nesse contrato de financiamento, contudo, existe uma cláusula resolutória: o comprador irá adquirir a propriedade do carro quando pagar a última prestação. Portanto a aquisição da propriedade do carro só se verifica com o implemento da condição resolutória, vale dizer, do pagamento do preço do carro.

b – FIDEICOMISSO – Trata-se de instituto do Direito Sucessório, constituindo num testamento alguém como herdeiro ou legatário, mas com a condição de ser transferida a herança ou o legado a outra pessoa, indicada pelo testador. A pessoa que recebe a herança ou legado é chamada de fiduciário, mas terá sobre os bens recebidos de herança ou legado apenas a propriedade resolúvel, porque, depois de algum tempo, terá de transferir os bens para outrem. Assim sendo, o fideicomisso implica na nomeação de dois herdeiros ou legatários sucessivos. O primeiro tem a propriedade resolúvel e o segundo a definitiva.

c – RETROVENDA – A retrovenda é uma cláusula inserida num contrato de compra e venda de imóvel pela qual, num determinado prazo, o vendedor recobra o imóvel vendido, obrigando-se o comprador a devolvê-lo, mediante a devolução do preço pago. O comprador tornou-se proprietário do imóvel, mas é também propriedade resolúvel, pois sabe que num determinado dia poderá ser obrigado a devolvê-lo. Se, todavia, o vendedor deixar escoar o prazo sem exercer o direito de retrovenda, a propriedade passa a ser permanente.

d – DOAÇÃO COM CLÁUSULA DE REVERSÃO – Ao fazer a doação de uma coisa, móvel ou imóvel, o doador inclui uma cláusula no contrato de doação, pela qual o bem doado reverte ao doador se o donatário falecer antes dele. É caso de propriedade resolúvel, pois há no ato translativo da propriedade uma condição que faz cessar o direito de propriedade.

e – VENDA A CONTENTO – É a venda com cláusula de ser anulada se a coisa vendida não contentar o comprador. Há no contrato uma condição resolutiva, pela qual o comprador torna-se proprietário da coisa adquirida se quiser, se ficar contente com ela. Refere-se pois a uma propriedade resolúvel, por ser provisória, submetida a uma condição.

f – PACTO DE MELHOR COMPRADOR – O contrato de compra e venda pode ser feito com a cláusula de se desfazer, se, dentro de certo prazo, aparecer quem ofereça maior vantagem (art. 1.158). Enquanto permanecer em vigor o prazo, sem aparecer melhor comprador, a propriedade do comprador é resolúvel por estar sujeita a uma condição. Ultrapassado o prazo e mantida a venda, a propriedade deixa de ser resolúvel, passando a definitiva.

Novo Código Civil

CAPÍTULO VIII

Da Propriedade Resolúvel

Art. 1.359. Resolvida a propriedade pelo implemento da condição ou pelo advento do termo, entendem-se também resolvidos os direitos reais concedidos na sua pendência, e o proprietário, em cujo favor se opera a resolução, pode reivindicar a coisa do poder de quem a possua ou detenha.

Art. 1.360. Se a propriedade se resolver por outra causa superveniente, o possuidor, que a tiver adquirido por título anterior à sua resolução, será considerado proprietário perfeito, restando à pessoa, em cujo benefício houve a resolução, ação contra aquele cuja propriedade se resolveu para haver a própria coisa ou o seu valor.

CAPÍTULO IX

Da Propriedade Fiduciária

Art. 1.361. Considera-se fiduciária a propriedade resolúvel de coisa móvel infungível que o devedor, com escopo de garantia, transfere ao credor.

§ 1º. Constitui-se a propriedade fiduciária com o registro do contrato, celebrado por instrumento público ou particular, que lhe serve de título, no Registro de Títulos e Documentos do domicílio do devedor, ou, em se tratando de veículos, na repartição competente para o licenciamento, fazendo-se a anotação no certificado de registro.

§ 2º. Com a constituição da propriedade fiduciária, dá-se o desdobramento da posse, tornando-se o devedor possuidor direto da coisa.

§ 3º. A propriedade superveniente, adquirida pelo devedor, torna eficaz, desde o arquivamento, a transferência da propriedade fiduciária.

Art. 1.362. O contrato, que serve de título à propriedade fiduciária, conterá:

I – o total da dívida, ou sua estimativa;
II – o prazo, ou a época do pagamento;
III – a taxa de juros, se houver;
IV – a descrição da coisa objeto da transferência, com os elementos indispensáveis à sua identificação.

Art. 1.363. Antes de vencida a dívida, o devedor, a suas expensas e risco, pode usar a coisa segundo sua destinação, sendo obrigado, como depositário:

I – a empregar na guarda da coisa a diligência exigida por sua natureza;
II – a entregá-la ao credor, se a dívida não for paga no vencimento.

Art. 1.364. Vencida a dívida, e não paga, fica o credor obrigado a vender, judicial ou extrajudicialmente, a coisa a terceiros, a aplicar o preço no pagamento de seu crédito e das despesas de cobrança, e a entregar o saldo, se houver, ao devedor.

Art. 1.365. É nula a cláusula que autoriza o proprietário fiduciário a ficar com a coisa alienada em garantia, se a dívida não for paga no vencimento.

Parágrafo único. O devedor pode, com a anuência do credor, dar seu direito eventual à coisa em pagamento da dívida, após o vencimento desta.

Art. 1.366. Quando, vendida a coisa, o produto não bastar para o pagamento da dívida e das despesas de cobrança, continuará o devedor obrigado pelo restante.

Art. 1.367. Aplica-se à propriedade fiduciária, no que couber, o disposto nos arts. 1.421, 1.425, 1.426, 1.427 e 1.436.

Art. 1.368. O terceiro, interessado ou não, que pagar a dívida, se sub-rogará de pleno direito no crédito e na propriedade fiduciária.

14. DOS DIREITOS REAIS SOBRE COISAS ALHEIAS

14.1. Conceito e tipos
14.2. Da enfiteuse
14.3. Das servidões prediais
14.4. Do usufruto
14.5. Do uso
14.6. Da habitação
14.7. Das rendas constituídas sobre imóveis

14.1. Conceito e tipos

Com o nome de JURA IN RE ALIENA, o direito romano regulamentava vários institutos que permanecem no direito moderno em quase todos os códigos conhecidos, entre eles o brasileiro. Os direitos reais são os direitos de propriedade, que são do proprietário sobre as coisas que lhe pertencem. Contudo, há um tipo de direito real bem diferente do normal, chamado de "direitos reais sobre coisas alheias", tradução exata do direito romano. Vê-se, pelo nome, que são direitos cujo titular não é o proprietário da coisa. Constituem direito de usar e gozar de coisas alheias.

Duas modalidades são previstas em nossa lei para os *jura in re aliena*. Uma é o de gozo ou fruição de coisa alheia por uma pessoa que não seja proprietária dela. É o caso da enfiteuse, das servidões, do usufruto, do uso, da habitação e das rendas constituídas sobre imóveis. Os direitos reais de garantia são de um credor, que terá na coisa alheia uma garantia para assegurar seu crédito. Caso o crédito não seja satisfeito, o credor poderá se apossar da coisa dada em garantia e passá-la para sua propriedade. É o caso do penhor, da anticrese e da hipoteca. Para melhor memorização, vamos colocar numa chave os oito casos.

DIREITOS REAIS DE GOZO

I – servidão
II – usufruto
III – uso
IV – habitação
V – as rendas expressamente constituídas sobre imóveis

DIREITOS REAIS DE GARANTIA

VI – penhor
VII – anticrese
VIII – hipoteca

Os direitos reais sobre coisas móveis, quando constituídos por atos entre vivos, só se adquirem com a tradição (art. 1.226). Os direitos reais sobre imóveis constituídos por atos entre vivos só se adquirem depois da transcrição ou da inscrição no Registro de Imóveis dos referidos títulos, salvo os casos expressos no Código Civil (art. 1.227). Quanto ao registro de imóveis, nossa lei tornou a questão mais clara e pormenorizada na Lei dos Registros Públicos. Os direitos reais passam com o imóvel para o domínio do adquirente. O ônus dos impostos sobre prédios transmite-se aos adquirentes, salvo constando da escritura as certidões do recebimento, pelo fisco, dos impostos devidos e, em caso de venda em praça, até o equivalente do preço da arrematação.

14.2. Da enfiteuse

O Código de 1916, como aliás o código da maioria dos países, regulamentava a enfiteuse, mas essa foi abolida no novo Código. Está afastada do Código Civil, mas não de nosso direito e de nossa legislação. Está prevista em várias leis. Várias razões devem ter influenciado o banimento da enfiteuse do Código Civil, a principal delas é a consideração de que se trata de problema do Direito Administrativo, visto que a enfiteuse é um "jus in re aliena" sobre bens do Poder Público.

A lei básica da regulamentação da enfiteuse parece ser a Lei 9.760/46, que dispõe sobre os bens imóveis da União. Várias outras leis dela se ocupam, como o Decreto-lei 2.490/40, o Decreto-lei 3.438/41, o Decreto-lei 5.666/43, o Dec. 85.064/80, Decreto-lei 1.876/81, Decreto-lei 2.398/87. Deve integrar essa legislação a Lei dos Registros Públicos (Lei 6.015/73), regulamentando o registro da enfiteuse e da anticrese.

Não deixa de despertar interesse na área civil pois o participante da enfiteuse é sempre uma pessoa privada, sendo pois de toda relevância seu exame pelo Direito Civil.

A enfiteuse é um direito real concedido a uma pessoa para usar, gozar e abusar de uma coisa, como se fosse seu proprietário. Quem goza desse direito chama-se enfiteuta ou foreiro, e desfruta de quase todas as vantagens do domínio, tanto que se diz que ele detém o domínio útil. O direito de usar, gozar e abusar é entendido em sentido bem amplo, sendo "abusar" o direito de transmitir a outrem. Além de ser amplo, o direito é perpétuo. Não é entretanto domínio, pois quem detém o domínio do imóvel é outra pessoa, chamada de senhorio direto. Dá-se a enfiteuse, aforamento ou emprazamento quando, por ato entre vivos ou de última vontade, o proprietário atribui a outrem o domínio útil do imóvel, pagando a pessoa que o adquire, e assim se constitui enfiteuta, ao senhorio direto uma pensão, ou foro, anual, certo e invariável.

Pode a enfiteuse ser constituída por ato entre vivos ou por testamento. Se por ato *inter vivos*, será um contrato celebrado entre duas partes: senhorio direto e enfiteuta. O contrato de enfiteuse é perpétuo; a enfiteuse por tempo limitado considera-se arrendamento e como tal se rege. Há algumas semelhanças com o contrato de locação de imóvel, mas não é aluguel. O enfiteuta pagará anualmente uma compensação chamada de "foro", razão porque é chamado também de foreiro. Além do pagamento do foro, é obrigado o enfiteuta a satisfazer os impostos e os ônus reais que gravarem o imóvel.

Só podem ser objeto de enfiteuse terras não cultivadas ou terrenos que se destinem à edificação. É do espírito do instituto que ele incentive a valorização de terras inexploradas e terras vizinhas exploradas. Enfiteuse é uma palavra de origem grega, significando "fazer plantações". Sua sistematização jurídica deu-se contudo em Roma, e era aplicado para a valorização de terras destinadas à agricultura. Um latifundiário impossibilitado de explorar suas terras concedia glebas a agricultores avulsos para que as cultivassem e desenvolvessem, com o pagamento de um foro, de valor quase simbólico. Não era venda nem locação, mas, para o enfiteuta, era como se fosse sua propriedade, apesar de estar obrigado a trabalhar a terra e pagar o foro. Tinha o direito de usar e gozar da gleba; até mesmo o direito de *abutere*, podendo alienar a enfiteuse, obrigando-se entretanto a dar aviso ao senhorio direto e pagar-lhe pequena taxa de transferência, o laudêmio, semelhante à sisa na venda. É possível estabelecer-se subenfiteuse do imóvel enfitêutico. A subenfiteuse está sujeita às mesmas disposições que a enfiteuse. A dos terrenos de marinha e acrescidos será regulada em lei especial.

EFICÁCIA DA ENFITEUSE – O aforamento, emprazamento ou enfiteuse foi decaindo no mundo moderno, como também no Brasil. Diversos códigos europeus a aboliram, como o francês e o português. Substituíram-na por outro instituto, também oriundo do direito romano, denominado "direito de superfície", estabelecido entre o "proprietário do solo" e o "superficiário". O Código Civil italiano conserva a enfiteuse amplamente regulamentada nos arts. 957 a 977, quase sem uso no país, mas conserva também o "direito da superfície" nos arts. 952 a 957. O direito de superfície apresenta poucas diferenças da enfiteuse, mas se destina de preferência à zona urbana, com a construção de prédios em terreno vago alheio, embora também com possibilidade de uso agrícola. Uma singela definição desse instituto consta do art. 1.524 do Código Civil português: "O direito de superfície consiste na faculdade de construir ou manter, perpétua ou temporariamente uma obra em terreno alheio ou de nele fazer plantações".

Não é o que ocorre no Brasil. Em nosso entender, a enfiteuse poderia operar autêntica reforma agrária, sem causar comoções, com vantagens ao governo, aos latifundiários e aos agricultores. Os latifundiários do Nordeste poderiam valorizar suas terras, deslocando delas todas as glebas improdutivas, colocando-as nas mãos dos enfiteutas, que poderiam cultivá-las e desenvolvê-las. Valorizariam assim seus latifúndios, pois mantendo neles a miséria e a escravidão ficam vendo aumentar os prejuízos e o acúmulo de problemas.

A TRANSFERÊNCIA DA ENFITEUSE – A enfiteuse é transmissível aos herdeiros. Os bens enfitêuticos transmitem-se por herança, mas não podem ser divididos em glebas sem consentimento do senhorio (senhorio é o possuidor direto). Nem só por herança é transmissível a enfiteuse. O enfiteuta, ou foreiro, não pode vender nem dar em pagamento o domínio útil, sem prévio aviso ao senhorio direto, para que este exerça o direito de opção; e o senhorio direto tem trinta dias para declarar, datado e assinado, que quer a preferência na alienação pelo mesmo preço e nas mesmas condições. Se dentro do prazo indicado não responder ou não oferecer o preço da alienação, poderá o foreiro efetuá-la com quem entender.

Compete igualmente ao foreiro o direito de preferência no caso de querer o senhorio vender o domínio direto ou dá-lo em pagamento. Para este efeito, ficará o dito senhorio sujeito à mesma obrigação imposta, em semelhantes circunstâncias, ao foreiro. Se o enfiteuta não cumprir o disposto, poderá o senhorio direto usar, não obstante, de seu direito de preferência, havendo do adquirente o prédio pelo preço da aquisição.

A preferência do senhorio direto para recobrar todos os direitos reais sobre o imóvel justifica-se pelo fato de ser ele um cotitular de direitos. Há obediência a um princípio geral de que não se deve transferir direitos a outrem, sem antes oferecê-los a quem possa ser afetado por essa transferência. É o que acontece, por exemplo, com imóvel locado, que deverá ser oferecido ao locatário, antes de transferido a terceiros.

O foreiro, embora um quase proprietário, tem várias obrigações para com o senhorio, como pagar o cânon ou foro, conservar a coisa e pagar os impostos e taxas que gravem o imóvel. No caso de transferência do imóvel, cabe-lhe ainda o pagamento do laudêmio, um tipo de sisa, uma taxa de transferência. Sempre que realizar a transferência do domínio útil por venda ou dação em pagamento, o senhorio direto que não usar da opção terá direito de receber do alienante o laudêmio, que será de 2,5% sobre o preço da alienação, se outro não se tiver fixado no título de aforamento. O laudêmio não é fixo, mas proporcional ao preço pago pela transferência.

A transferência pode ser gratuita ou onerosa. Sendo gratuita, logicamente não haverá laudêmio. É lícito ao enfiteuta doar, dar em dote ou trocar por coisa não fungível o prédio aforado, avisando o senhorio direto, dentro de sessenta dias contados do ato da transmissão, sob pena de continuar responsável pelo pagamento do foro. Surge porém um aspecto na aquisição ou perda da enfiteuse. Pode ela ser penhorada e levada a leilão para pagamento de dívidas do enfiteuta. Fazendo-se penhora, por dívidas do enfiteuta, sobre o prédio emprazado, será citado o senhorio direto para assistir à praça e terá preferência, quer, no caso de arrematação, sobre os demais lançadores, em condições iguais, quer, em falta deles, no caso de adjudicação.

EXTINÇÃO DA ENFITEUSE – De vários modos pode extinguir-se a enfiteuse. Uma delas é pelo abandono do imóvel pelo enfiteuta, o que equivale à renúncia, retomando-o o possuidor direto, salvo direito de terceiros. Se o enfiteuta pretender abandonar gratuitamente ao senhorio o prédio aforado, poderão opor-se os credores prejudicados com o abandono, prestando caução pelas pensões futuras até que sejam pagas suas dívidas.

Outro modo de extinção é o do resgate, quando o foreiro se torna proprietário do imóvel. O resgate, entretanto, não se aplica a imóveis públicos. Todos os aforamentos, inclusive os constituídos anteriormente ao Código Civil, salvo acordo entre as partes, são resgatáveis em dez anos depois de constituídos, mediante pagamento de um laudêmio que será de 2,5% sobre o valor atual da propriedade plena e de dez pensões anuais pelo foreiro, que não poderá no seu contrato renunciar ao direito de resgate nem contrariar as disposições imperativas do capítulo referente à enfiteuse no Código Civil. Caso previsto na lei, de abandono do imóvel, é quando ele se torna inconveniente. O foreiro não tem direito à remissão do foro por esterilidade ou destruição parcial do prédio enfitêutico nem pela perda total de seus frutos; pode em tais casos, porém, abandoná-lo ao senhorio direto e, independentemente do seu consenso, fazer inscrever o ato da renúncia.

Mais três casos de extinção foram previstos. Extingue-se a enfiteuse pela natural deterioração do imóvel aforado, quando chegue a não valer o capital correspondente ao foro e mais um quinto deste. É o que pode acontecer com imóveis do Nordeste atingidos pela seca. A caducidade ocorre com a morte do enfiteuta sem deixar herdeiros, salvo o direito dos credores; não há herança jacente de bens enfitêuticos, voltando esses ao senhorio direto. Outra hipótese de extinção é pelo comisso, deixando o foreiro de pagar as pensões (foro) devidas por três anos consecutivos, caso em que o senhorio o indenizará das benfeitorias necessárias. Ficando em mora por mais de três anos, cabe ao senhorio empreender ação de cobrança e extinção, nos princípios observados na ação de despejo por falta de pagamento, perdendo o enfiteuta, por sentença judicial, o domínio útil do imóvel, em favor do senhorio.

DIVISÃO DA ENFITEUSE – Desde que autorizado pelo senhorio, o imóvel pode ser dividido em glebas. Quando o prédio emprazado vier a pertencer a várias pessoas, estas, dentro de seis meses, elegerão um cabecel, sob pena de se devolver ao senhorio o direito de escolha. Feita a escolha, as ações do senhorio contra os foreiros serão propostas contra o cabecel, salvo a este o direito regressivo contra os outros pelas respectivas quotas. Se, porém, o senhorio direto convier na divisão do prazo, cada uma das glebas em que for dividido constituirá prazo distinto.

14.3. Das servidões prediais

CONCEITO – A servidão é a restrição que um imóvel sofre em favor de outro que lhe é vizinho. É chamada de servidão predial por ser direito real sobre um imóvel. Aliás, nosso código chama comumente o imóvel de prédio. Podemos então dispensar esse adjetivo. Há pois dois imóveis na servidão: o que sofre o ônus da servidão denomina-se "serviente"; o imóvel beneficiário da servidão, "dominante". Os imóveis, obrigatoriamente, devem pertencer a proprietários diferentes. O ônus ou encargo consiste na restrição ao direito de propriedade do imóvel serviente, tolerando sua utilização em favor do imóvel dominante. É o caso, por exemplo, da manutenção de um tubo condutor de água, de um imóvel para outro. Nosso código não nos dá um conceito de servidão, mas o art. 1.378 aponta seus efeitos, o que se torna bastante esclarecedor. Encontraremos entretanto uma definição bem clara no art. 1.027 do Código Civil italiano:

Contenuto del diritto	Conteúdo do direito
La servitù prediale consiste nel peso imposto sopra un fondo per l'utilità di altro fondo appartenente a diverso proprietario.	A servidão predial consiste no peso imposto sobre um imóvel para a utilidade de outro imóvel, pertencente a proprietário diferente.

A SERVIDÃO NO DIREITO ROMANO – Mesmo antes de Cristo era um direito real e acessório, uma relação entre dois imóveis e não entre os proprietários dos imóveis, tanto que era denominada *jura praediorum*. Pela *servitus* o imóvel serviente proporciona ao dominante uma determinada utilidade ou uso de modo permanente. Naturalmente, o direito foi criado para regular o relacionamento entre os homens e a regulamentação da *servitus* visava tutelar os interesses dos proprietários dos imóveis; entretanto, essa tutela dá-se indiretamente. Independentemente da vontade humana, a *servitus* integra-se ao "fundo imobiliário", acompanhando os imóveis quando esses forem transferidos.

Foram ainda criados e adotados pelos romanos vários tipos de servidões colecionadas em dois grupos: as servidões rústicas (*servitus praediorum rusticorum*) e a servidão urbana (*servitus praediorum urbanorum*). Pedimos desculpas pela excessiva invocação ao direito romano, como, muitas vezes, do italiano, mas realça-se no mundo moderno a importância e a conveniência do direito comparado. Não se trata de uma digressão histórica, mas da exposição de um direito vivo, vibrante, atual, impregnado totalmente no direito brasileiro e em nosso Código Civil. É impressionante como as *servitutes praediorum* puderam conservar-se pelos séculos e influenciar as disposições que se estabeleceram nos tempos modernos. Compreender o direito atual sem o romano é a mesma coisa que compreender o idioma português sem o latim: haverá sempre uma nuvem cinzenta de insegurança e de incompreensão. Exemplo sugestivo é o que toca às servidões.

As servidões rústicas (*servitus praediorum rusticorum*) referem-se aos terrenos campestres destinados mais à agricultura e pecuária. Eram, por exemplo, o *iter*, o direito de passagem a pé ou a cavalo pelo terreno serviente; o *actus*, direito de passar com o gado ou carro de tração animal pelo terreno alheio; a *via*, direito amplo de passagem; e o *acquaeductus*, direito de passagem de água pelo imóvel serviente. Diga-se a propósito que o *acquaeductus* era, como ainda é, o principal tipo de servidão, encontrando-se dele várias indicações em nosso Código de Águas (Decreto 24.643/34, arts. 12, 17, 35, 77, 117, 126, 127, 130 e 138).

As servidões urbanas (*servitus praediorum urbanorum*) são as aplicáveis aos imóveis da cidade, como diríamos hoje, em contraposição aos imóveis do campo. Geralmente, referem-se a prédios construídos, mas também do subsolo. É o caso da *servitus croacae*, direito de fazer passar pelo imóvel serviente a tubulação de esgotos; a *servitus stillicidii et fluminis* é a servidão de águas pluviais que venham do ou se dirigem ao imóvel dominante; a *servitus tigni imunittendi*, o direito de madeirar o prédio alheio para evitar prejuízos ao prédio dominante; a *servitus non altius tollendi*, direito de impedir que o prédio do vizinho ultrapasse altura tal que prejudique o prédio dominante.

MODOS DE CONSTITUIÇÃO – Impõe-se a servidão predial a um prédio em favor de outro, pertencente a diverso dono. Por ela perde o proprietário do prédio serviente o exercício de alguns de seus direitos de domínio ou fica obrigado a tolerar que dele se utilize, para certo fim, o dono do prédio dominante. Respeita a lei o princípio de que os dois imóveis devam ser de proprietários diferentes, pois não é possível formar servidão sobre a própria coisa, segundo o princípio do direito romano: *nulli res sua servit*. O encargo pode ser positivo (*in faciendo*), consistindo na tolerância da utilização do imóvel serviente pelo dominante, e negativo (*in non faciendi*), omitindo-se o imóvel serviente de praticar certos atos.

A servidão não se presume. Ela deve ser constituída com fundamento legal, por contrato, por testamento, por decisão judicial, por destinação do proprietário do imóvel e pela usucapião. As servidões não aparentes só podem ser estabelecidas por meio de transcrição no Registro de Imóveis (art. 1.378). Como a maioria dos direitos reais, a servidão deve ser registrada na circunscrição imobiliária seguindo as normas da Lei dos Registros Públicos. O processo aquisitivo da servidão pode ser inclusive por usucapião. A posse incontestada e contínua de uma servidão por dez ou cinco anos, nos termos do art. 1.242, autoriza o possuidor a transcrevê-la em seu nome no Registro de Imóveis, servindo-lhe de título a sentença que julgar consumada a usucapião (art. 1378). Se o possuidor não tiver título, o prazo da usucapião será de vinte anos (1.379, §2º).

USO DA SERVIDÃO – O dono de uma servidão tem direito a fazer todas as obras necessárias à sua conservação e uso. Se a servidão pertencer a mais de um prédio, serão as despesas rateadas entre os respectivos donos (art. 1.380). As obras devem ser feitas pelo dono do prédio dominante, se o contrário não dispuser o título expressamente (art. 1.381). Quando a obrigação incumbir ao dono do prédio serviente, este poderá exonerar-se, abandonando a propriedade ao dono do dominante (art. 1.382). O dono do prédio serviente não poderá embaraçar de modo algum o uso legítimo da servidão (art. 1.383). Pode o dono do prédio serviente remover de um local para outro a servidão, contanto que o faça à sua custa, e não diminua em nada as vantagens do prédio dominante (art. 1.384). Restringir-se-á o uso da servidão às necessidades do prédio dominante, evitando, quanto possível, agravar o encargo ao prédio serviente. Constituída para certo fim, a servidão não se pode ampliar a outro, salvo nas servidões de trânsito, em que a maior inclui a de menor ônus e a menor exclui a mais onerosa.

EXTINÇÃO DAS SERVIDÕES – Vimos que nos termos do art. 1.378 as servidões só serão instituídas pela transcrição na Circunscrição Imobiliária. Da mesma forma, só se extinguem com a transcrição do título extintivo no mesmo registro. Salvo nas desapropriações, a servidão, uma vez transcrita, só se extingue, com respeito a terceiros, quando cancelada (art. 1.387). A servidão extingue-se por si mesma ou por iniciativa do proprietário do imóvel que sofrer a restrição em seu direito de propriedade, ou, como se trata de um direito, poderá ser renunciado pelo seu titular. O dono do prédio serviente tem direito, pelos meios judiciais, ao cancelamento da transcrição, embora o dono do prédio dominante lho impugne: quando o titular houver renunciado a sua servidão; quando a servidão for de passagem, que tenha cessado pela abertura de estrada pública acessível ao prédio dominante; quando o dono do prédio serviente resgatar a servidão.

A extinção pode dar-se por vícios intrínsecos surgidos na própria servidão. As servidões prediais extinguem-se: pela reunião dos dois prédios no domínio da mesma pessoa; pela supressão das respectivas obras por efeito de contrato ou de outro título expresso;

pelo não-uso durante dez anos contínuos. Extinta, por algumas dessas três causas, a servidão predial transcrita, fica ao dono do prédio serviente o direito de fazê-la cancelar, mediante a prova da extinção. Se o prédio dominante estiver hipotecado, e a servidão se mencionar no título hipotecário, será também preciso, para a cancelar, o consentimento do credor (art. 1.387).

14.4. Do usufruto

O usufruto é o direito de gozar das coisas alheias, salva a substância delas (*ususfructus est ius alienis rebus utendi et fruendi, salva rerum substantia*). Mais ou menos esse critério romano encontra-se presente em nosso código: constitui usufruto o direito real de fruir as utilidades de uma coisa enquanto temporariamente destacado da propriedade. O usufrutuário é a pessoa que desfruta da coisa, o titular dos direitos de usufruto, enquanto o nu-proprietário é o dono da coisa. É prática muito comum no Brasil para evitar o processo de inventário. Os pais fazem a partilha de seus bens, transmitindo-os aos filhos que se tornam proprietários deles. Os filhos, por sua vez, para dar garantia a seus pais, constituem-nos usufrutuários desses bens. Com a morte dos pais, cessa o usufruto e os filhos assumem a propriedade plena dos bens. Enquanto durar o usufruto, os pais podem morar nos imóveis, alugá-los e auferir aluguéis em proveito próprio; enfim, usar e gozar desses bens como se fossem deles. O mesmo conceito e os mesmos critérios encontraremos no art. 578 do Código Civil napoleônico:

L'usufruit est le droit de jouir des choses en autre a la proprieté, comme le proprietaire lui-même, mais à la charge d'en conserver la substance.	O usufruto é o direito de gozar das coisas de propriedade de outrem, como o próprio proprietário, mas com o encargo de lhes conservar a substância.

O usufruto pode recair em um ou mais bens, móveis ou imóveis, em um patrimônio inteiro ou parte deste, abrangendo-lhe, no todo ou em parte, os frutos e utilidades (art. 1.390). Embora seja um direito real, um *jus in re aliena*, o usufruto é um direito de uso pessoal, sendo também considerado como "servidão pessoal", contrapondo-se à "servidão predial". O usufruto de imóveis, quando não resulte de usucapião, depende da transcrição no respectivo registro. O usufruto resultante do Direito da Família é considerado um usufruto legal e decorre do natural relacionamento familiar: a esposa e os filhos desfrutam do usufruto dos imóveis do chefe da família, não havendo necessidade de título e registro. O usufruto pode recair também em coisas móveis, mas essa possibilidade é mais difícil e não precisa de transcrição. Contudo, deve recair apenas sobre coisas inconsumíveis, uma vez que elas deverão, ao final do usufruto, ser devolvidas ao nu-proprietário no estado em que foram entregues. Por isso, diz a definição romana: "salva a substância delas" (*salva rerum substantia*)".

Excetuando-se disposição em contrário, o usufruto estende-se aos acessórios da coisa e seus acrescidos (art. 1.391). O usufrutuário usa e goza do usufruto como se fora proprietário. Se tiver usufruto de uma casa, poderá morar nela ou alugá-la, auferindo o aluguel; poderá extrair os frutos das árvores, as flores, perfurar um poço ou extrair água.

É inalienável. Pode-se transferir apenas o exercício. O usufrutuário pode morar na casa, mas pode transferir esse direito a outrem, a título gratuito ou oneroso; transfere pois o exercício mas não o usufruto. Pode assim ser transferido ao proprietário da coisa, o que equivale ao cancelamento ou à renúncia do usufruto pelo usufrutuário. Por isso é um direito pessoal.

DOS DIREITOS DO USUFRUTUÁRIO – São muito amplos os direitos do usufrutuário, já que se aproximam dos do proprietário. O usufrutuário tem o direito à posse, uso, administração e percepção dos frutos (art. 1.394). Em sentido geral, são pois de quatro tipos os direitos do usufrutuário, mas a lei ainda se refere a direitos específicos. Quando o usufruto recai em títulos de crédito, o usufrutuário tem direito, não só a cobrar as respectivas dívidas, mas ainda a empregar-lhes a importância recebida. Essa aplicação, porém, corre por sua conta e risco; e, cessando o usufruto, o proprietário pode recusar os novos títulos, exigindo em espécie o dinheiro (art. 1.395). Quando o usufruto recai sobre apólices da dívida pública ou títulos semelhantes, de cotação variável, a alienação deles só se efetuará mediante prévio acordo entre o usufrutuário e o dono.

Outro importante direito do usufrutuário é a percepção dos frutos. Salvo direito adquirido por outrem, o usufrutuário faz seus os frutos naturais, pendentes ao começar o usufruto, sem encargo de pagar as despesas de produção. Os frutos naturais, porém, pendentes ao tempo em que cessa o usufruto, pertencem ao dono, também sem compensação das despesas (art. 1.396). Com referência à cria dos animais, o critério é diferente. As crias dos animais pertencem ao usufrutuário, deduzidas quantas bastem para inteirar as cabeças de gado existentes ao começar o usufruto (art. 1.397). Assim, se o usufrutuário recebeu de usufruto uma fazenda com 1.000 cabeças de gado, deverá devolver o mesmo número de reses, quando cessar o usufruto.

Os frutos civis, vencidos na data inicial do usufruto, pertencem ao proprietário, e ao usufrutuário os vencidos na data em que cessa o usufruto (art. 1.398). Exemplo de frutos civis são os juros. O usufrutuário tem o direito apenas aos frutos referentes ao período da vigência do usufruto. Por exemplo, um usufruto iniciado em 2002 e findo em 2004. Se os juros forem recebidos pelo usufrutuário, mas referentes a 2001, portanto já vencidos, deverá ele entregá-los ao proprietário; se ele receber antecipadamente os frutos referentes a 2004, deverá também entregá-los ao proprietário.

O usufrutuário pode usufruir em pessoa, ou mediante arrendamento, o prédio, mas não mudar-lhe o gênero de cultura sem licença do proprietário ou autorização expressa no título; salvo se, por algum outro, como os de pai, ou marido, lhe couber tal direito. Voltamos aqui a lembrar a definição romana: "salva a substância das coisas", ou, como disse o art. 578 do Código Civil francês: "mais à la charge d'en conserver la substance". Não pode o usufrutuário modificar o tipo de propriedade: se for agrícola, não pode transformar em pecuária, nem numa estância turística.

Disposição especial aplica-se no caso de usufruto de florestas ou de minas. Se o usufruto recai em florestas ou minas podem o dono e o usufrutuário prefixar-lhe a extensão do gozo e a maneira da exploração (art. 1.392, § 2º). O uso e a exploração desses bens ficam sujeitos à regulamentação especial pelo Código Florestal e Código de Minas. Necessário se torna pois que os direitos e obrigações do usufrutuário sejam bem definidos no ato constitutivo do usufruto e fiquem consentâneos com aqueles diplomas legais.

As coisas que se consomem pelo uso caem logo no domínio do usufrutuário, ficando, porém, este obrigado a restituir, findo o usufruto, o equivalente em gênero, qualidade e quantidade, ou, não sendo possível, o seu valor pelo preço corrente ao tempo da restituição. Se, porém, as referidas coisas foram avaliadas no título constitutivo do usufruto, salvo cláusula expressa em contrário, o usufrutuário é obrigado a pagá-las pelo preço da avaliação (art. 1.392, § 1º). O usufruto de coisas consumíveis atenta contra a doutrina. Se as coisas passam para a propriedade do usufrutuário, não pode mais haver o usufruto, tendo alguns juristas encontrado a designação de "usufruto impróprio". Nesse caso, o usufruto devolve ao proprietário, não a coisa recebida em usufruto, mas em equivalente ou dinheiro.

O usufrutuário não tem direito à parte do tesouro achado por outrem, nem ao preço pago pelo vizinho do prédio usufruído para obter meação em parede, cerca, muro, vala ou valado (1.392, § 3º). Excetua-se quando o usufruto recair sobre universalidade ou quota-parte de bens.

DAS OBRIGAÇÕES DO USUFRUTUÁRIO – Se muitos direitos são atribuídos ao usufrutuário, várias obrigações lhe são impostas, pois tem ele um *jus fruendi et utendi*, mas não *abutendi*. O usufrutuário, antes de assumir o usufruto, inventaria à sua custa os bens que receber, determinando o estado em que se acham, e dará caução fidejussória ou real, se lha exigir o dono, de velar-lhes pela conservação e entregá-los findo o usufruto (art. 1.400).

Essa garantia exigida pelo nu-proprietário, para que a coisa lhe seja restituída na ocasião devida e nas mesmas condições em que entregar, era chamada no direito romano de *cautio usufructuaria*. O usufrutuário que não quiser ou não puder dar caução suficiente perderá o direito de administrar o usufruto, e neste caso, os bens serão administrados pelo proprietário, que ficará obrigado, mediante caução, a entregar ao usufrutuário o rendimento deles, deduzidas as despesas da administração, entre as quais se incluirá a quantia taxada pelo juiz em remuneração do administrador (art. 1.401). Nem sempre essa caução pode ser exigida. Não são obrigados à caução: o doador que se reservar o usufruto da coisa doada; os pais usufrutuários dos bens dos filhos menores (art. 1.400). Com efeito, não teria lógica o pai doar suas propriedades a seus filhos, reservando-se o usufruto delas, e os filhos exigirem do pai garantia de que cumprirá a lei.

Incumbem ao dono as reparações extraordinárias e as que não forem de custo módico; mas o usufrutuário lhe pagará os juros do capital despendido com as que forem necessárias à conservação ou aumentarem o rendimento da coisa usufruída. Não se consideram módicas as despesas superiores a dois terços do líquido rendimento em um ano (art. 1.404). A conservação da coisa cabe realmente ao usufrutuário, mas se ela necessitar de ampla reforma, que aumente o valor do patrimônio, o nu-proprietário deverá cobrir as despesas dessa valorização.

Se a coisa estiver segura, incumbe ao usufrutuário pagar, durante o usufruto, as contribuições do seguro. Se o usufrutuário fizer o seguro, ao proprietário caberá o direito dele resultante contra o segurador. Em qualquer hipótese, o direito do usufrutuário fica sub-rogado no valor da indenização do seguro (art. 1.407). Se um incêndio, por exemplo, danificar o imóvel, o usufrutuário será a principal vítima. Naturalmente, pois, que ele cubra o prêmio do seguro. Se um edifício sujeito a usufruto for destruído sem culpa do proprietário, não será este obrigado a reconstruí-lo nem o usufruto se restabelecerá, se o proprietário reconstruir à sua custa o prédio; mas se ele estava seguro, a indenização paga fica sujeita ao ônus do usufruto. Se a indenização do seguro for aplicada à reconstrução do prédio, restabelecer-se-á o usufruto (art. 1.408). Fica também sub-rogada no ônus do usufruto, em lugar do prédio, a indenização paga, se ele for desapropriado, ou a importância do dano, ressarcido pelo terceiro responsável, no caso de danificação ou perda (art. 1.409).

É possível que o usufruto recaia sobre coisa gravada, ou seja, obrigada ao pagamento de uma dívida. Se o usufruto recair em coisa singular ou parte dela, só responderá o usufrutuário pelo juro da dívida, que ela garantir, quando esse ônus for expresso no título respectivo. Se recair num patrimônio ou parte deste, será o usufrutuário obrigado aos juros da dívida que onerar o patrimônio ou parte dele, sobre que recaia o usufruto (art. 1.405). As normas sobre coisas singulares e coletivas foram estabelecidas no art. 54 e expostas em nosso compêndio *Teoria Geral do Direito Civil*.

DA EXTINÇÃO DO USUFRUTO – Extingue-se o usufruto de diversas formas, principalmente pela morte do usufrutuário; ele não entra na sucessão, pois é um direito pessoal do usufrutuário e destina-se a protegê-lo em vida. Não se extingue porém com a morte do nu-proprietário, pois sua propriedade entra na sucessão levando consigo o usufruto. O usufruto constituído em favor de pessoa jurídica extingue-se com esta, ou, se ela perdurar, aos trinta anos da data em que se começou a exercer. Se o usufruto for instituído a mais de uma pessoa, será necessário que, no ato constitutivo, seja definida a situação. Por exemplo: um usufruto constituído em favor de três pessoas; uma delas falece; como fica a situação? Constituído o usufruto em favor de duas ou mais pessoas, extinguir-se-á parte a parte, em relação a cada um dos que falecerem, salvo se, por estipulação expressa, o quinhão desses couber ao sobrevivente (art. 1.411). Por conseguinte, em princípio, com a morte do co-usufrutuário, extingue-se o usufruto em relação a ele, mas o nu-proprietário poderá estabelecer que o usufruto entre na sucessão do co-usufrutuário, ou seja distribuída sua parte entre os demais.

Outra maneira de extinção do usufruto é com o perecimento da coisa, pois cessa o usufruto sobre uma coisa se ela for destruída, a não ser que seja ela fungível, conforme fora visto. Extingue-se ainda pela consolidação (*consolidatio*), quando se confundem as pessoas do usufrutuário e do nu-proprietário; se o usufrutuário adquire a propriedade da coisa, ou o nu-proprietário adquire o usufruto. Outra forma de extinção é com a cessação da causa que tenha originado o usufruto. A prescrição também ocasiona a extinção do usufruto, como também o extingue o término do prazo, se ele for instituído por tempo certo ou pelo implemento de uma determinada condição. Ocasionará a extinção do usufruto o inadimplemento das obrigações do usufrutuário, quando ele aliena, deixa deteriorar ou arruinar as coisas não cuidando delas e não as acudindo com os reparos de conservação.

14.5. Do uso

O uso é o direito concedido a uma pessoa para usar uma coisa e dela retirar os frutos de acordo com suas necessidades e as da família. O titular dos direitos de uso é designado como usuário. O usuário fruirá da coisa dada em uso, quanto o exigirem as necessidades pessoais suas e de sua família (art. 1.412). O uso é portanto bem diferente do usufruto, a despeito de se poderem atribuir-lhe várias normas sobre o usufruto. Neste, porém, o beneficiário pode gozar de todos os frutos, enquanto o usuário, só o que for necessário para si e sua família. São aplicáveis ao uso as disposições relativas ao usufruto, mas apenas no que não for contrário à sua natureza (art. 1.413). O sentido do uso pode ser observado, nos mesmos critérios, no art. 1.021 do Código Civil italiano:

| Chi ha il diritto d'uso di una cosa può servirsi di esse e, se è fruttifera, può raccogliere i frutti per quanto ocorre ai bisogni suoi e della sua famíglia. | Quem tiver o direito de uso de uma coisa pode servir-se desta e, se for frutífera, pode recolher os frutos conforme as necessidades suas e de sua família. |

Avaliar-se-ão as necessidades pessoais do usuário conforme a sua condição social e o lugar onde viver. As necessidades da família do usuário compreendem: as de seu cônjuge; as dos filhos solteiros, ainda que ilegítimos; as das pessoas de seu serviço doméstico (art. 1.412). Em resumo, nota-se que o direito de uso é limitado às necessidades da pessoa, não podendo o usuário retirar da coisa mais do que lhe é necessário, entregando ao dono da coisa o que sobrar.

14.6. Da habitação

O direito de habitação, chamada no direito romano de *habitatio* é também um *jus in re aliena*, consistente no uso de um imóvel para habitação. Só o titular do direito de habitação poderá habitá-la. Quando o uso consistir no direito de habitar gratuitamente casa alheia, o titular deste direito não a pode alugar, nem emprestar, mas simplesmente ocupá-la com sua família (art. 1.414). Não se trata de aluguel, pois a locação é um contrato oneroso; a habitação é um direito real, a locação é de natureza obrigacional. É um direito real com várias semelhanças com o usufruto. São aplicáveis à habitação, no que lhe não contrariarem a natureza, as disposições concernentes ao usufruto (art. 1.416). Se o direito real de habitação for conferido a mais de uma pessoa, qualquer delas, que habite, sozinha, a casa, não terá de pagar aluguel à outra ou às outras, mas não as pode inibir de exercerem, querendo, o direito, que também lhes compete, de habitá-la (art. 1.415). Nosso código usa indistintamente as palavras "aluguel" e "aluguer", pois se trata de palavras sincréticas, ou seja, têm duas formas.

14.7. Das rendas constituídas sobre imóveis

Esse instituto deve ser criação brasileira, pois não há notícias dela no direito romano. Não a trazem também os códigos da Itália, França e Portugal. É um direito real aplicado apenas sobre imóveis e temporário. Por ela, o proprietário de um imóvel transfere o imóvel a outra pessoa, chamada rendeiro censuário. O proprietário do imóvel é chamado de censuísta. Vejamos como se constitui esse tipo de renda: um proprietário não se julga com capacidade para administrar seu imóvel ou seus imóveis. Faz doação, ou mesmo vende a outra pessoa um imóvel, seja a título gratuito ou oneroso, e esta se obriga a administrar o bem imóvel, fazê-lo render e entregar a renda a outra pessoa, que pode ser o próprio transferente do imóvel. Pode parecer esquisito: o proprietário de um imóvel é obrigado a fazê-lo render e a renda do seu imóvel deve ser dada a outra pessoa. Se o proprietário vende esse imóvel gravado, o gravame continua para o novo adquirente; no caso de transmissão do imóvel gravado a muitos sucessores, o ônus real da renda continua a gravá-lo em todas as suas partes.

Novo Código Civil

TÍTULO IV

Da Superfície

Art. 1.369. O proprietário pode conceder a outrem o direito de construir ou de plantar em seu terreno, por tempo determinado, mediante escritura pública devidamente registrada no Cartório de Registro de Imóveis.

Parágrafo único. O direito de superfície não autoriza obra no subsolo, salvo se for inerente ao objeto da concessão.

Art. 1.370. A concessão da superfície será gratuita ou onerosa; se onerosa, estipularão as partes se o pagamento será feito de uma só vez, ou parceladamente.

Art. 1.371. O superficiário responderá pelos encargos e tributos que incidirem sobre o imóvel.

Art. 1.372. O direito de superfície pode transferir-se a terceiros e, por morte do superficiário, aos seus herdeiros.

Parágrafo único. Não poderá ser estipulado pelo concedente, a nenhum título, qualquer pagamento pela transferência.

Art. 1.373. Em caso de alienação do imóvel ou do direito de superfície, o superficiário ou o proprietário tem direito de preferência, em igualdade de condições.

Art. 1.374. Antes do termo final, resolver-se-á a concessão se o superficiário der ao terreno destinação diversa daquela para que foi concedida.

Art. 1.375. Extinta a concessão, o proprietário passará a ter a propriedade plena sobre o terreno, construção ou plantação, independentemente de indenização, se as partes não houverem estipulado o contrário.

Art. 1.376. No caso de extinção do direito de superfície em conseqüência de desapropriação, a indenização cabe ao proprietário e ao superficiário, no valor correspondente ao direito real de cada um.

Art. 1.377. O direito de superfície, constituído por pessoa jurídica de direito público interno, rege-se por este Código, no que não for diversamente disciplinado em lei especial.

TÍTULO V

Das Servidões

CAPÍTULO I

Da Constituição das Servidões

Art. 1.378. A servidão proporciona utilidade para o prédio dominante, e grava o prédio serviente, que pertence a diverso dono, e constitui-se mediante declaração expressa dos proprietários, ou por testamento, e subseqüente registro no Cartório de Registro de Imóveis.

Art. 1.379. O exercício incontestado e contínuo de uma servidão aparente, por dez anos, nos termos do art. 1.242, autoriza o interessado a registrá-la em seu nome no Registro de Imóveis, valendo-lhe como título a sentença que julgar consumado a usucapião.

Parágrafo único. Se o possuidor não tiver título, o prazo da usucapião será de vinte anos.

CAPÍTULO II

Do Exercício das Servidões

Art. 1.380. O dono de uma servidão pode fazer todas as obras necessárias à sua conservação e uso, e, se a servidão pertencer a mais de um prédio, serão as despesas rateadas entre os respectivos donos.

Art. 1.381. As obras a que se refere o artigo antecedente devem ser feitas pelo dono do prédio dominante, se o contrário não dispuser expressamente o título.

Art. 1.382. Quando a obrigação incumbir ao dono do prédio serviente, este poderá exonerar-se, abandonando, total ou parcialmente, a propriedade ao dono do dominante.

Parágrafo único. Se o proprietário do prédio dominante se recusar a receber a propriedade do serviente, ou parte dela, caber-lhe-á custear as obras.

Art. 1.383. O dono do prédio serviente não poderá embaraçar de modo algum o exercício legítimo da servidão.

Art. 1.384. A servidão pode ser removida, de um local para outro, pelo dono do prédio serviente e à sua custa, se em nada diminuir as vantagens do prédio dominante, ou pelo dono deste e à sua custa, se houver considerável incremento da utilidade e não prejudicar o prédio serviente.

Art. 1.385. Restringir-se-á o exercício da servidão às necessidades do prédio dominante, evitando-se, quanto possível, agravar o encargo ao prédio serviente.

§ 1º. Constituída para certo fim, a servidão não se pode ampliar a outro.

§ 2º. Nas servidões de trânsito, a de maior inclui a de menor ônus, e a menor exclui a mais onerosa.

§ 3º. Se as necessidades da cultura, ou da indústria, do prédio dominante impuserem à servidão maior largueza, o dono do serviente é obrigado a sofrê-la; mas tem direito a ser indenizado pelo excesso.

Art. 1.386. As servidões prediais são indivisíveis, e subsistem, no caso de divisão dos imóveis, em benefício de cada uma das porções do prédio dominante, e continuam a gravar cada uma das do prédio serviente, salvo se, por natureza, ou destino, só se aplicarem a certa parte de um ou de outro.

CAPÍTULO III

Da Extinção das Servidões

Art. 1.387. Salvo nas desapropriações, a servidão, uma vez registrada, só se extingue, com respeito a terceiros, quando cancelada.

Parágrafo único. Se o prédio dominante estiver hipotecado, e a servidão se mencionar no título hipotecário, será também preciso, para a cancelar, o consentimento do credor.

Art. 1.388. O dono do prédio serviente tem direito, pelos meios judiciais, ao cancelamento do registro, embora o dono do prédio dominante lho impugne:

I – quando o titular houver renunciado a sua servidão;

II – quando tiver cessado, para o prédio dominante, a utilidade ou a comodidade, que determinou a constituição da servidão;

III – quando o dono do prédio serviente resgatar a servidão.

Art. 1.389. Também se extingue a servidão, ficando ao dono do prédio serviente a faculdade de fazê-la cancelar, mediante a prova da extinção:

I – pela reunião dos dois prédios no domínio da mesma pessoa;

II – pela supressão das respectivas obras por efeito de contrato, ou de outro título expresso;

III – pelo não uso, durante dez anos contínuos.

TÍTULO VI

Do Usufruto

CAPÍTULO I

Disposições Gerais

Art. 1.390. O usufruto pode recair em um ou mais bens, móveis ou imóveis, em um patrimônio inteiro, ou parte deste, abrangendo-lhe, no todo ou em parte, os frutos e utilidades.

Art. 1.391. O usufruto de imóveis, quando não resulte de usucapião, constituir-se-á mediante registro no Cartório de Registro de Imóveis.

Art. 1.392. Salvo disposição em contrário, o usufruto estende-se aos acessórios da coisa e seus acrescidos.

§ 1º. Se, entre os acessórios e os acrescidos, houver coisas consumíveis, terá o usufrutuário o dever de restituir, findo o usufruto, as que ainda houver e, das outras, o equivalente em gênero, qualidade e quantidade, ou, não sendo possível, o seu valor, estimado ao tempo da restituição.

§ 2º. Se há no prédio em que recai o usufruto florestas ou os recursos minerais a que se refere o art. 1.230, devem o dono e o usufrutuário prefixar-lhe a extensão do gozo e a maneira de exploração.

§ 3º. Se o usufruto recai sobre universalidade ou quota-parte de bens, o usufrutuário tem direito à parte do tesouro achado por outrem, e ao preço pago pelo vizinho do prédio usufruído, para obter meação em parede, cerca, muro, vala ou valado.

Art. 1.393. Não se pode transferir o usufruto por alienação; mas o seu exercício pode ceder-se por título gratuito ou oneroso.

CAPÍTULO II

Dos Direitos do Usufrutuário

Art. 1.394. O usufrutuário tem direito à posse, uso, administração e percepção dos frutos.

Art. 1.395. Quando o usufruto recai em títulos de crédito, o usufrutuário tem direito a perceber os frutos e a cobrar as respectivas dívidas.

Parágrafo único. Cobradas as dívidas, o usufrutuário aplicará, de imediato, a importância em títulos da mesma natureza, ou em títulos da dívida pública federal, com cláusula de atualização monetária segundo índices oficiais regularmente estabelecidos.

Art. 1.396. Salvo direito adquirido por outrem, o usufrutuário faz seus os frutos naturais, pendentes ao começar o usufruto, sem encargo de pagar as despesas de produção.

Parágrafo único. Os frutos naturais, pendentes ao tempo em que cessa o usufruto, pertencem ao dono, também sem compensação das despesas.

Art. 1.397. As crias dos animais pertencem ao usufrutuário, deduzidas quantas bastem para inteirar as cabeças de gado existentes ao começar o usufruto.

Art. 1.398. Os frutos civis, vencidos na data inicial do usufruto, pertencem ao proprietário, e ao usufrutuário os vencidos na data em que cessa o usufruto.

Art. 1.399. O usufrutuário pode usufruir em pessoa, ou mediante arrendamento, o prédio, mas não mudar-lhe a destinação econômica, sem expressa autorização do proprietário.

CAPÍTULO III

Dos Deveres do Usufrutuário

Art. 1.400. O usufrutuário, antes de assumir o usufruto, inventariará, à sua custa, os bens que receber, determinando o estado em que se acham, e dará caução, fidejussória ou real, se lha exigir o dono, de velar-lhes pela conservação, e entregá-los findo o usufruto.

Parágrafo único. Não é obrigado à caução o doador que se reservar o usufruto da coisa doada.

Art. 1.401. O usufrutuário que não quiser ou não puder dar caução suficiente perderá o direito de administrar o usufruto; e, neste caso, os bens serão administrados pelo proprietário, que ficará obrigado, mediante caução, a entregar ao usufrutuário o rendimento deles, deduzidas as despesas de administração, entre as quais se incluirá a quantia fixada pelo juiz como remuneração do administrador.

Art. 1.402. O usufrutuário não é obrigado a pagar as deteriorações resultantes do exercício regular do usufruto.

Art. 1.403. Incumbem ao usufrutuário:

I – as despesas ordinárias de conservação dos bens no estado em que os recebeu;

II – as prestações e os tributos devidos pela posse ou rendimento da coisa usufruída.

Art. 1.404. Incumbem ao dono as reparações extraordinárias e as que não forem de custo módico; mas o usufrutuário lhe pagará os juros do capital despendido com as que forem necessárias à conservação, ou aumentarem o rendimento da coisa usufruída.

§ 1º. Não se consideram módicas as despesas superiores a dois terços do líquido rendimento em um ano.

§ 2º. Se o dono não fizer as reparações a que está obrigado, e que são indispensáveis à conservação da coisa, o usufrutuário pode realizá-las, cobrando daquele a importância despendida.

Art. 1.405. Se o usufruto recair num patrimônio, ou parte deste, será o usufrutuário obrigado aos juros da dívida que onerar o patrimônio ou a parte dele.

Art. 1.406. O usufrutuário é obrigado a dar ciência ao dono de qualquer lesão produzida contra a posse da coisa, ou os direitos deste.

Art. 1.407. Se a coisa estiver segurada, incumbe ao usufrutuário pagar, durante o usufruto, as contribuições do seguro.

§ 1º. Se o usufrutuário fizer o seguro, ao proprietário caberá o direito dele resultante contra o segurador.

§ 2º. Em qualquer hipótese, o direito do usufrutuário fica sub-rogado no valor da indenização do seguro.

Art. 1.408. Se um edifício sujeito a usufruto for destruído sem culpa do proprietário, não será este obrigado a reconstruí-lo, nem o usufruto se restabelecerá, se o proprietário reconstruir à sua custa o prédio; mas se a indenização do seguro for aplicada à reconstrução do prédio, restabelecer-se-á o usufruto.

Art. 1.409. Também fica sub-rogada no ônus do usufruto, em lugar do prédio, a indenização paga, se ele for desapropriado, ou a importância do dano, ressarcido pelo terceiro responsável no caso de danificação ou perda.

CAPÍTULO IV

Da Extinção do Usufruto

Art. 1.410. O usufruto extingue-se, cancelando-se o registro no Cartório de Registro de Imóveis:
    I – pela renúncia ou morte do usufrutuário;
    II – pelo termo de sua duração;
    III – pela extinção da pessoa jurídica, em favor de quem o usufruto foi constituído, ou, se ela perdurar, pelo decurso de trinta anos da data em que se começou a exercer;
    IV – pela cessação do motivo de que se origina;
    V – pela destruição da coisa, guardadas as disposições dos arts. 1.407, 1.408, 2ª parte, e 1.409;
    VI – pela consolidação;
    VII – por culpa do usufrutuário, quando aliena, deteriora, ou deixa arruinar os bens, não lhes acudindo com os reparos de conservação, ou quando, no usufruto de títulos de crédito, não dá às importâncias recebidas a aplicação prevista no parágrafo único do art. 1.395;
    VIII – Pelo não uso, ou não fruição, da coisa em que o usufruto recai (arts. 1.390 e 1.399).

Art. 1.411. Constituído o usufruto em favor de duas ou mais pessoas, extinguir-se-á a parte em relação a cada uma das que falecerem, salvo se, por estipulação expressa, o quinhão desses couber ao sobrevivente.

TÍTULO VII

Do Uso

Art. 1.412. O usuário usará da coisa e perceberá os seus frutos, quanto o exigirem as necessidades suas e de sua família.

§ 1º. Avaliar-se-ão as necessidades pessoais do usuário conforme a sua condição social e o lugar onde viver.

§ 2º. As necessidades da família do usuário compreendem as de seu cônjuge, dos filhos solteiros e das pessoas de seu serviço doméstico.

Art. 1.413. São aplicáveis ao uso, no que não for contrário à sua natureza, as disposições relativas ao usufruto.

TÍTULO VIII

Da Habitação

Art. 1.414. Quando o uso consistir no direito de habitar gratuitamente casa alheia, o titular deste direito não a pode alugar, nem emprestar, mas simplesmente ocupá-la com sua família.

Art. 1.415. Se o direito real de habitação for conferido a mais de uma pessoa, qualquer delas que sozinha habite a casa não terá de pagar aluguel à outra, ou às outras, mas não as pode inibir de exercerem, querendo, o direito, que também lhes compete, de habitá-la.

Art. 1.416. São aplicáveis à habitação, no que não for contrário à sua natureza, as disposições relativas ao usufruto.

TÍTULO IX

Do Direito do Promitente Comprador

Art. 1.417. Mediante promessa de compra e venda, em que se não pactuou arrependimento, celebrada por instrumento público ou particular, e registrada no Cartório de Registro de Imóveis, adquire o promitente comprador direito real à aquisição do imóvel.

Art. 1.418. O promitente comprador, titular de direito real, pode exigir do promitente vendedor, ou de terceiros, a quem os direitos deste forem cedidos, a outorga da escritura definitiva de compra e venda, conforme o disposto no instrumento preliminar; e, se houver recusa, requerer ao juiz a adjudicação do imóvel.

15. DOS DIREITOS REAIS DE GARANTIA

15.1. Conceito e tipos
15.2. Características
15.3. Direitos do credor garantido
15.4. Vencimento antecipado da dívida

15.1. Conceito e tipos

Vamos agora nos deparar com outro tipo de direitos reais, ou seja, direitos sobre coisas alheias, mas diferentes dos "direitos de gozo ou fruição": tratamos de "direitos de garantia". Esses direitos são acessórios, pois dependem de uma dívida, uma obrigação. Uma pessoa está obrigada a cumprir determinada prestação: para garantir o implemento dessa prestação, oferece ao credor uma coisa que ficará vinculada ao implemento. Ao ser cumprida a obrigação, a coisa fica liberada ao devedor; se não for cumprida, a coisa será sacrificada para a solução da dívida. Assim sendo, o devedor assumiu duas obrigações conexas: a de cumprir uma obrigação e a de garantir o cumprimento com a coisa dada em garantia. Os direitos reais de garantia têm como escopo reforçar uma obrigação, dando ao credor o direito de conseguir a satisfação de seu crédito graças a uma coisa que ficou a ele vinculada.

Nosso Código Civil considera três tipos de direitos reais de garantia: penhor, anticrese e hipoteca. O direito romano considerava também três tipos: *fiducia cum creditore*, *pignus* e *hypotheca*. O direito moderno apenas substituiu a *fiducia cum creditore* pela anticrese. Surgiu há poucos anos um outro instituto, hoje muito vulgarizado e importante, calcado nos direitos reais: a "alienação fiduciária em garantia". Tivemos oportunidade de fazer estudos sobre a alienação fiduciária em garantia e a *fiducia cum creditore* em nosso *Direito Contratual*, mas deles falaremos levemente neste trabalho. A *fiducia cum creditore* não foi erradicada do direito moderno, sendo praticada no Brasil, conforme foi explanado em nosso compêndio.

O Código Civil trata particularmente dessas três figuras reconhecidas em nosso direito, cada uma de *per si*, mas estabelece certas condições gerais aplicáveis a elas nos arts. 1.419 a 1.510. É sobre essas condições gerais que falaremos nesse capítulo. Desde o direito romano conhecem-se duas modalidades de garantia. A princípio surgiu a garantia pessoal ou fidejussória. O devedor respondia com sua pessoa pela dívida; o não-cumprimento de uma obrigação importava até mesmo em relegá-lo à posição de escravo.

O corpo do devedor era então a "coisa" oferecida em garantia. Esse critério desumano constava na Lei das XII Tábuas, pois a Tábua III cuidava da execução e das dívidas. Não pagando a dívida, impunha a *Lex Duodecim Tabularum* que fosse o devedor preso por meio de correias ou com ferros ou vendido como escravo a estrangeiros, para além do Tibre. Se fossem diversos os credores, que fosse morto e cortado em pedaços, ficando cada credor com um pedaço proporcional à dívida. A garantia pessoal apresenta-se ordinariamente como a fiança e o aval.

Posteriormente, em fase mais adiantada da civilização romana, mais ou menos três séculos antes de Cristo, surgiu a *Lex Poetelia Papiria*, conservando a garantia pessoal, mas liquidando essas sanções bárbaras. Transferiu-se a agressão para o patrimônio do devedor, em vez de seu corpo. Surgiram então as garantias reais.

15.2. Características

Nas dívidas garantidas por penhor, anticrese e hipoteca, a coisa dada em garantia fica sujeita, por vínculo real, ao cumprimento da obrigação (art. 1.419). É a primeira característica dos direitos reais de garantia: a sujeição de uma coisa ao cumprimento da obrigação por vínculo real. Que coisas podem ser dadas em garantia real e quem poderá dá-las? Só aquele que pode alienar poderá hipotecar, dar em anticrese ou empenhar. Só as coisas que se podem alienar poderão ser dadas em penhor, anticrese ou hipoteca. O domínio superveniente revalida, desde a inscrição, as garantias reais estabelecidas por quem possuía a coisa a título de proprietário (art. 1.420). Entende-se que só o dono da coisa poderá fazer dela garantia real, pois só ele poderá aliená-la; só ele tem essa capacidade jurídica. Por outro lado, só coisas livres podem ser oferecidas. De nada adiantaria garantir uma dívida com um bem de família, um título da dívida pública gravado com cláusula de inalienabilidade, um bem penhorado.

A coisa comum a dois ou mais proprietários não pode ser dada em garantia real na sua totalidade, sem o consentimento de todos; mas cada um pode individualmente dar em garantia real a parte que tiver, se for divisível a coisa, e só a respeito dessa parte vigorará a indivisibilidade da garantia. Coisa comum é um condomínio; pode ele ser dado em garantia ou de forma fracionada, cada um ofertando a sua parte, ou *in totum*, oferecida por todos os condôminos. É como um prédio de apartamentos em condomínio; cada proprietário de seu apartamento poderá ofertá-lo individualmente, mas o prédio todo terá de ser ofertado por todos os condôminos.

O pagamento de uma ou mais prestações da dívida não importa exoneração correspondente da garantia, ainda que esta compreenda vários bens, salvo disposição expressa no título ou na quitação (art. 1.421). É o princípio da indivisibilidade dos direitos reais de garantia, ou seja, ela permanece íntegra até o pagamento total da dívida.

Examinemos o exemplo a seguir: o banco empresta a Ulpiano R$100.000,00, que dá em garantia 100 sacas de milho, ficando Ulpiano de pagar em dez prestações mensais de R$10.000,00. Após 9 meses, Ulpiano já terá pago R$90.000,00. As 100 sacas permanecem em garantia até que Ulpiano pague a última prestação. Salve-se o caso de haver cláusula liberatória, como por exemplo, quando Ulpiano pagar R$10.000,00 ficará liberado de 10 sacas de milho, seguindo-se paulatinamente a liberação, conforme as prestações sejam pagas.

O credor anticrético tem direito a reter em seu poder o bem, enquanto a dívida não for paga; extingue-se esse direito decorridos quinze anos da data de sua constituição (art. 1.423). É aplicação da cláusula "exceptio non adimpleti contractus" = exceção de contrato não adimplido. Se uma parte não cumpre sua prestação, a outra poderá suspender a dela. Neste caso, há razões mais fortes; se o credor devolver a garantia real antes que a dívida seja paga, desfalcará sua segurança.

Salvo cláusula expressa, o terceiro que presta garantia real, por dívida alheia não fica obrigado a substituí-la, ou reforçá-la, quando, sem culpa sua, se perca, deteriore ou desvalorize (art. 1.427). O bem dado em garantia não é necessário que pertença ao devedor, mas pode ser entregue por terceiro. Contudo, não é ele co-devedor; é apenas o garante da obrigação; seu dever não pode ser agravado como as obrigações do devedor.

É nula a cláusula que autoriza o credor pignoratício, anticrético ou hipotecário a ficar com o objeto da garantia, se a dívida não for paga no vencimento. Após o vencimento, poderá o devedor dar a coisa em pagamento da dívida (art. 1.428). Se houvesse cláusula tão potestativa como essa, daria ao credor poderes para medida de força, como penhorar a coisa e vendê-la em leilão. No caso de inadimplemento pelo devedor, poderá o credor cobrar judicialmente seu crédito, que está garantido pelo penhor. A lei assegura a ele certas garantias de recebimento do crédito, mas não o poder de o executar por conta própria.

Para facilitar as coisas em benefício de todos, evitando inclusive cobrança judicial, após o vencimento, o devedor entrega voluntariamente a coisa em pagamento da dívida. Será então uma espécie de dação em pagamento.

15.3. Direitos do credor garantido

Característica a ser considerada na garantia real é a sua indivisibilidade; permanece ela íntegra em extensão até que a dívida seja totalmente paga (art. 1.421). Mais importantes ainda são os direitos que as garantias reais geram. O credor hipotecário e o pignoratício têm o direito de excutir a coisa hipotecada ou empenhada e preferir, no pagamento, a outros credores, observada, quanto à hipoteca, a prioridade na inscrição. Excetua-se desta regra a dívida proveniente de salários do trabalhador agrícola, que será paga, precipuamente a quaisquer outros créditos, pelo produto da colheita para a qual houver concorrido com o seu trabalho (art. 1.422). Realçam-se no retro-exposto os três direitos primordiais: de excussão, de preferência e o de seqüela. A excussão é a imediata realização da coisa, transformando-a em dinheiro para a solução da dívida. A excussão é semelhante à execução, mas aplicado aos direitos reais de garantia. Na execução, o credor agride o patrimônio geral do devedor, mas na excussão já existe uma coisa determinada e comprometida para ser executada. O inadimplemento da obrigação garantida não dá ao credor o direito de assenhorear-se da coisa; terá de requerer judicialmente a execução da dívida, indicando para imediata penhora a coisa a ser executada.

Sendo excutida a coisa, com seu produto paga-se a dívida. O que sobrar, será colocado à disposição do devedor; se faltar, o saldo restante ensejará a execução sobre o patrimônio geral do devedor. Quando, excutido o penhor ou executada a hipoteca, o produto não bastar para pagamento da dívida e despesas judiciais, continuará o devedor obrigado pessoalmente pelo restante (art. 1.430).

Importante direito do credor, que enfatiza a maior força da garantia real sobre a garantia pessoal ou fidejussória, é o de "prelação". É uma preferência de que goza o credor, de ser colocado em primeiro lugar na satisfação de seu crédito quando vários credores disputam o patrimônio de devedor comum. Ao ser vendido em leilão, o valor do bem deverá cobrir primeiro o crédito garantido pela garantia real e o que sobrar poderá ir para outros credores. É o que acontece na execução, na falência ou insolvência do devedor.

A garantia real apresenta um importante atributo, que procura manter a integridade da garantia, em favor do credor: a seqüela. Pela seqüela, os direitos reais seguem a coisa onde quer que ela se encontre; se passa de mão em mão, quem a recebe continua com a vinculação dela à dívida. O credor terá pois o direito de excuti-la, ainda que se encontre em poder de terceiros.

15.4. Vencimento antecipado da dívida

A dívida assegurada por garantia real encerra dois tipos de obrigações: da dívida e da garantia. São conexas, sendo a dívida a obrigação principal e a garantia real a acessória, obedecendo o princípio já consagrado de que o acessório segue o seu principal (*accessorium sequitur suum principalem*). Destinando-se a assegurar o pagamento, a potencial destruição, deterioração ou desvalorização da coisa coloca em risco a obrigação principal. Necessário se torna que a constituição da garantia real se faça nos requisitos exigidos pelo art. 1.424 e dos princípios inerentes às garantias. Os contratos de penhor, anticrese e hipoteca declararão, sob pena de não valerem contra terceiros:

I – o valor do crédito, estimação ou valor máximo
II – o prazo fixado para pagamento;
III – a taxa de juros, se houver;
IV – o bem dado em garantia com suas especificações.

Esses requisitos são exigidos, mas outros ainda devem constar, tornando a operação bem clara, entre os quais a cláusula de antecipação de vencimento. A dívida considera-se vencida se:

I – deteriorando-se ou depreciando-se a coisa dada em segurança, desfalcar a garantia, e o devedor, intimado, não a reforçar;
II – o devedor cair em insolvência ou falir;
III – as prestações não forem pontualmente pagas, toda vez que deste modo se achar estipulado o pagamento; neste caso, o recebimento posterior da prestação atrasada importa renúncia do credor ao seu direito de execução imediata;
IV – perecer o objeto dado em garantia e não for substituído;
V – se se desapropriar o bem dado em garantia, depositando-se a parte do preço que for necessária para o pagamento integral do credor.

Nos casos de perecimento ou deterioração do objeto dado em garantia, a indenização, estando ele seguro ou havendo alguém responsável pelo dano, se sub-rogará na coisa destruída ou deteriorada em benefício do credor, a quem assistirá sobre ele preferência até seu completo reembolso. Nos casos dos nºs. IV e V, só se vencerá a hipoteca antes do prazo estipulado se o sinistro, ou a desapropriação, recair sobre o objeto dado em garantia e esta não abranger outros; subsistindo, no caso contrário, a dívida reduzida, com a respectiva garantia sobre os demais bens não desapropriados, danificados ou destruídos (art. 1.425). O antecipado vencimento da dívida não importa o dos juros correspondentes ao prazo convencional por decorrer. Digamos, por exemplo, que a dívida, com vencimento para 31.12.2003, teve vencimento antecipado para 31.12.2002; seria enriquecimento indevido o credor receber os juros referentes ao ano de 2003.

E, se falecer o devedor, aplicar-se-á a cláusula de antecipação? Os sucessores do devedor não podem remir parcialmente o penhor ou a hipoteca na proporção dos seus quinhões; qualquer deles, porém, pode fazê-lo no todo. O herdeiro ou sucessor que fizer a remissão fica sub-rogado nos direitos do credor pelas quotas que houver satisfeito (art. 1.429). Esse confuso artigo deixa entretanto clara a indivisibilidade da garantia real; não pode ela ser dividida se houver vários devedores. Se falecer o devedor, deixando vários herdeiros, estes ficarão com a dívida e a garantia real permanece, segundo o princípio de que o acessório segue o principal. Consideremos a hipótese de haver dois herdeiros, passando ambos a devedores; não pode um deles pagar a sua parte e assim ficar livre da garantia do penhor ou da hipoteca. Poderá, sim, um deles pagar toda a dívida, com o conseqüente cancelamento da garantia. Ficará entretanto sub-rogado como credor da parte a que estava obrigado o outro herdeiro.

16. DO PENHOR

16.1. Conceito e requisitos
16.2. Do penhor legal
16.3. Do penhor rural (agrícola e pecuário)
16.4. Da caução de títulos de crédito
16.5. Da transcrição do penhor
16.6. Da extinção do penhor
16.7. Do penhor industrial e mercantil
16.8. Do penhor de veículos
16.9. Do penhor de direitos e títulos de crédito

16.1. Conceito e requisitos

Há aproximadamente meio século, segundo dizem os antigos, era famosa a Caixa de Penhor, um órgão da Caixa Econômica Federal. Naquela seção, quem precisasse de dinheiro poderia levantar um empréstimo, mas dava em garantia um objeto de valor, geralmente uma jóia. Ao vencer-se o empréstimo, se o pagasse, o devedor recebia a jóia de volta; se não pagasse, seria ela vendida em leilão e o produto da arrematação pagaria o empréstimo. Se sobrasse dinheiro, era colocado à disposição do devedor; se faltasse dinheiro, continuaria o débito do saldo, podendo o devedor ser executado como quirografário. Eis aí o freqüente caso de penhor. Essa figura pode ser olhada por diversos prismas. A jóia entregue em garantia é chamada de penhor; o mesmo nome recebe o direito real de garantia, conforme o chama nosso código. É também o nome do contrato acessório.

Podemos partir do art. 2.071 do Código Civil francês para estabelecer um conceito bem preciso do penhor:

Le nantissement est un contrat par lequel un débiteur remet une chose à son créancier pour sûreté de la dette.	O penhor é um contrato pelo qual um devedor entrega uma coisa a seu credor para garantir a dívida.

Esse conceito não é muito esclarecedor. A coisa entregue em penhor deve ser móvel, pois se for imóvel será hipoteca e não penhor. Deve ser uma coisa alienável, ou seja, *in commercium*, sem gravames, de tal modo que possa ser vendida com facilidade. Constitui-se o penhor pela tradição efetiva, que, em garantia do débito, ao credor ou a quem o represente, faz o devedor, ou alguém por ele, de um objeto móvel, suscetível de alienação (art. 1.431). Parece-nos mais explícito o conceito exarado pelo nosso código.

Requisito sugestivo do penhor é a tradição da coisa, isto é, a efetiva entrega da coisa empenhada ao credor, que é chamado de credor pignoratício (*pignus* = penhor). Só se pode constituir o penhor com a posse da coisa móvel pelo credor, salvo no caso de penhor agrícola ou pecuário, em que os objetos continuam em poder do devedor por efeito da cláusula *constituti*. A cláusula *constituti* ou constituto possessório só pode ser aplicada em casos especiais, indicando o contrato do penhor agrícola e pecuário, mas leis posteriores indicaram outras aplicações. O constituto possessório é uma avença estabelecida entre o credor empenhado e o devedor empenhante, pelo qual se entende promovida a tradição (*traditio ficta*), apesar de continuar a coisa em poder do devedor empenhante.

O instrumento do penhor convencional determinará precisamente o valor do débito e o objeto empenhado, em termos que o discriminem dos seus congêneres. Quando o objeto do penhor for coisa fungível, bastará declarar-lhe a qualidade e quantidade. Nossa lei fala freqüentemente em coisa "empenhada", mas seria preferível "apenhada", para distinguir da dotação orçamentária, tratada pelo Direito Financeiro. Se o contrato se fizer mediante instrumento particular, será firmado pelas partes e lavrado em duplicata, ficando um exemplar com cada um dos contraentes, qualquer dos quais pode levá-lo à transcrição. É pois o penhor um ato formal, cercado de várias formalidades, entre as quais o registro no cartório de títulos e documentos. Pode ser constituído por instrumento público ou particular.

O pagamento da dívida provoca a sua extinção e, em conseqüência, do penhor, que é ato acessório. Cessando a dívida, impõe-se a imediata devolução da coisa, pois nada mais há para ser garantido. O credor pignoratício não pode, paga a dívida, recusar a entrega da coisa a quem a empenhou. Pode retê-la, porém, até que o indenizem das despesas, devidamente justificadas, que tiver feito, não sendo ocasionadas por culpa sua (art. 1.433).

O credor pignoratício, ao receber a coisa, assume a posição de verdadeiro depositário, com as obrigações e responsabilidades decorrentes do contrato de depósito. Cabe-lhe velar pela conservação e integridade da coisa como se sua fosse. O credor pignoratício é obrigado, como depositário, a:

I – empregar na guarda do penhor a diligência exigida pela natureza da coisa;

II – entregá-la com seus frutos e acessões, uma vez paga a dívida, observadas as disposições dos artigos antecedentes;

III – entregar o que sobeje do preço, quando a dívida for paga, seja por excussão judicial ou por venda amigável, se lha permitir expressamente o contrato ou lhe autorizar o devedor mediante procuração especial;

IV – ressarcir ao dono a perda ou deterioração de que for culpado; neste caso, pode compensar-se a dívida, até a concorrente quantia, a importância da responsabilidade do credor.

O devedor pignoratício, por sua vez, tem também obrigações, além da de entregar ao credor a coisa objeto do penhor. Deverá entregá-la no momento certo, no local certo e em perfeitas condições. Pode o credor exigir do devedor a satisfação do prejuízo que houver sofrido por vício da coisa empenhada (art. 1.433, III).

16.2. Do penhor legal

O penhor constitui-se normalmente por um acordo entre devedor e credor; é portanto de natureza contratual. Todavia, há casos excepcionais em que, por lei, fica instituído penhor de coisas para garantia de dívidas, independentemente de acordo de vontades: é o penhor legal. São credores pignoratícios, independentemente de convenção:

I – os hospedeiros, estalajadeiros ou fornecedores de pousada ou alimento, sobre as bagagens, móveis, jóias ou dinheiro que os seus consumidores ou fregueses tiverem consigo nas respectivas casas ou estabelecimentos, pelas despesas ou consumo que aí tiverem feito;

II – o dono do prédio rústico ou urbano, sobre os bens móveis que o rendeiro ou inquilino tiver guarnecido o mesmo prédio, pelos alugueres ou rendas (art. 1.467). Como se vê, trata-se de uma "autotutela" em que o credor exerce justiça pelas próprias mãos, apropriando-se de coisas alheias em seu poder. É aplicado principalmente no caso de hotéis e similares. Cabe também ao credor lançar o valor da dívida. A conta dessas dívidas será extraída conforme a tabela impressa, prévia e ostensivamente exposta na casa, dos preços da hospedagem, da pensão ou dos gêneros fornecidos, sob pena de nulidade do penhor (art. 1.468). Nota-se nos hotéis a presença da lista de preços, como também nos restaurantes.

Essa autotutela ou penhor legal deverá entretanto ser apreciada pela justiça em processo previsto pelos arts. 874 a 876 do Código de Processo Civil. Tomado o penhor, requererá o credor, ato contínuo, a homologação, apresentando, com a conta por menor das despesas do devedor, a tabela de preços, junto à relação dos objetos retidos, e pedindo a citação dele para, em 24 horas, pagar ou alegar defesa. Há portanto duas fases: na primeira, o credor poderá tomar em garantia um ou mais objetos até o valor da dívida (art. 1.469); pode fazer efetivo o penhor, antes de recorrer à autoridade judiciária, sempre que haja perigo na demora. Na segunda o credor requererá judicialmente a homologação do penhor legal, nos termos dos arts. 874 a 876 do Código de Processo Civil.

16.3. Do penhor rural (agrícola e pecuário)

É bastante complexa a legislação sobre o penhor. Nosso Código Civil dedica-lhe os arts. 1.431 a 1.472, numa longa regulamentação. Em 1850, nosso Código Comercial já houvera previsto esse instituto, sob o nome de "Penhor Mercantil" nos arts. 271 a 279. Entretanto, muitas leis posteriores foram criando modalidades especiais de penhor, cada uma com novas características e requisitos, desfigurando um instituto tradicional a ponto de descaracterizá-lo. A título de ilustração, daremos uma lista de leis referentes ao mesmo tema:

– Decreto-lei 492/37 – regula o penhor rural e a cédula hipotecária;
– Decreto-lei 167/67 – disciplina os títulos de financiamento rural;
– Decreto-lei 1.003/38 – dispõe sobre o penhor agrícola;
– Decreto-lei 2.612/40 – dispõe sobre o registro do penhor rural;
– Lei 2.666/55 – dispõe sobre o penhor de produtos agrícolas.

Com o nome de "penhor rural", nosso código regula não só o agrícola, mas também o pecuário. Contudo, a Lei 492/37 deu nova regulamentação, com a nomenclatura de "penhor rural", incluindo nela os dois tipos: penhor agrícola e penhor pecuário. Julgamos essa classificação mais clara e técnica. Podem ser objeto de penhor agrícola:

I – máquinas e instrumentos de agricultura;

II – colheitas pendentes, ou em via de formação no ano do contrato, quer resultem de prévia cultura, quer de produção espontânea do solo;

III – frutos armazenados, em ser, ou beneficiados e acondicionados para venda;

IV – lenha cortada ou madeira das matas preparada para o corte;

V – animais do serviço ordinário de estabelecimento agrícola.

Nesse tipo de penhor, a coisa empenhada fica na posse do próprio devedor pela cláusula *constituti*. Não é difícil justificar essa exceção aos critérios estabelecidos para o penhor. Digamos que um agricultor levante um vultoso empréstimo num banco e dê em penhor maquinaria agrícola. O que fará o banco com essa maquinaria e como irá armazená-la? Além do mais, são instrumentos necessários ao trabalho do devedor, que seria prejudicado na sua produção, com ameaças ao crédito do banco. E se um pecuarista desse em penhor 2.000 cabeças de gado, não poderia o banco formar um curral em suas agências.

A solução encontrada pela lei é a mais louvável. O devedor faz entrega simbólica de animais e o credor o nomeia depositário desses bens, mantidos nos pastos do próprio devedor. No penhor de animais, sob pena de nulidade, o instrumento os designará com a maior precisão, particularizando o lugar onde se achem e o destino que tiverem. O gado porém não é uma coisa inerte, pois se trata de produto operacional para o pecuarista. Contudo, a alienação das coisas empenhadas deve ser feita com autorização do credor a fim de que a garantia não se deteriore.

Qualquer modificação no estado do penhor afetará o crédito e sua garantia, tornando-se necessário o ajuste entre as duas partes: credor e devedor — este, como se disse, colocado na posição de depositário. A situação é dinâmica, mas poderá ser reajustada como, por exemplo, substituindo as reses mortas ou alienadas por outras. Quando o devedor pretender vender o gado empenhado, ou, por negligência, ameaçar prejudicar o credor, poderá este requerer que se depositem os animais sob a guarda de terceiros, ou exigir que se lhe pague a dívida *incontinenti* (art. 1.445). Os animais da mesma espécie, comprados para substituir os mortos, ficam sub-rogados no penhor. Esta substituição presume-se, mas não valerá contra terceiros se não constar de menção adicional ao respectivo contrato (art. 1.446).

O penhor rural consta normalmente de produtos perecíveis; não pode ele, por isso, ser de longo prazo. O penhor agrícola era limitado pelo art. 1.439 de 3 a 4 anos prorrogáveis por igual tempo; entretanto, a Lei 492/37 elevou o prazo para até dois anos, prorrogável por mais dois. Alteração semelhante sofreu o penhor pecuário. Pelo art. 1.447, o penhor de animais não admite prazo maior de dois anos, mas pode ser prorrogado por igual período, averbando-se a prorrogação no título respectivo. Esses prazos foram elevados para três anos pelo Decreto-lei 4.360/42.

Os bens ofertados em penhor rural, quer agrícola, quer pecuário, deverão estar livres de ônus e gravames, a menos que conte com a concordância, tanto do credor pignoratício como do beneficiário do gravame. Essa permissão é difícil de acontecer, pois um bem já comprometido torna-se garantia muito frágil para outra dívida. Se o prédio estiver hipotecado, se poderá, sobre ele constituir penhor agrícola, sem anuência do credor hipotecário, por este dada no próprio instrumento de constituição do penhor.

16.4. Da caução de títulos de crédito

Quando o penhor for constituído de títulos de crédito, é chamado de caução. Podem ser objetos de penhor tanto títulos de crédito públicos como privados, tais como duplicatas, warrants, letras de câmbio e demais. Trata-se de operações freqüentemente praticadas pelas instituições financeiras. Um banco, ao emprestar dinheiro a uma empresa, recebe dela o faturamento, servindo as duplicatas de garantia para o pagamento do empréstimo. Essa operação vai mais além. A empresa devedora transfere por endosso-cobrança as duplicatas para o banco, encarregando-se este de recebê-las do sacado, utilizando o recebimento na *solutio* do débito.

A caução de títulos nominativos de dívida da União, dos Estados ou dos Municípios equipara-se ao penhor e vale contra terceiros, desde que for transcrita, ainda que esses títulos não hajam sido entregues ao credor. Utiliza-se o nome "caução", distinguindo-o de penhor comum por ter características especiais, porquanto o penhor consiste normalmente de "coisas", vale dizer, bens corpóreos. A caução de títulos de crédito consta de direitos representados por papéis, de bens de caráter intelectual. A caução de títulos de crédito pessoal "equipara-se" ao penhor. Essa caução principia a ter efeito com a tradição do título ao credor, e provar-se-á por escrito. Já se convencionou comprovar a entrega de títulos de crédito com uma relação escrita deles, chamada de "borderô", cuja cópia é protocolada pelo credor caucionado.

Ao credor por essa caução compete o direito de:

I – conservar e recuperar a posse dos títulos caucionados, por todos os meios cíveis ou criminais, contra qualquer detentor, inclusive o próprio dono;

II – fazer intimar ao devedor dos títulos caucionados que não pague ao seu credor, enquanto durar a caução;

III – usar das ações, recursos e exceções convenientes para assegurar os seus direitos bem como os do credor caucionante, como se deste fora procurador especial;

IV – receber a importância dos títulos caucionados e restituí-los ao devedor, quando este solver a obrigação por eles garantida (art. 1.459).

O credor caucionado, porém, ao lado dos direitos assume determinadas obrigações. Coloca-se na posição de depositário, responsabilizando-se pelo destino e integridade do título caucionado. Poderá pagar-se, no capital e despesas, com o fruto do recebimento dos títulos, mas está obrigado a devolver o que sobrar ao seu devedor.

O devedor do título caucionado, como é o caso do sacado de uma duplicata, deverá ser avisado por escrito. Tanto que ele receba o aviso ou se dê ciente da caução, não poderá pagar ao sacador da duplicata ou receber quitação, mas só do detentor do título caucionado, o beneficiário da caução. Aquele que, sendo credor num título de crédito, depois de o ter caucionado, quitar o devedor, ficará, por esse fato, obrigado a saldar imediatamente a dívida, em cuja garantia prestou a caução; e o devedor que, ciente de estar caucionando o seu título de débito, aceitar quitação do credor caucionante, responderá solidariamente com este por perdas e danos ao caucionado (art. 1.460). Examinemos a este respeito este exemplo: o Banco Alfa S/A concede um empréstimo a Beta Ltda. e esta entrega ao banco como caução umas duplicatas para garantir o empréstimo. Uma das duplicatas era sacada contra Gama Ltda. Ao entregar as duplicatas em caução, Beta Ltda. outorgou ao Banco Alfa S/A endosso-mandato para que este recebesse o valor, cobrando-a de Gama Ltda. Entretanto, a sacadora da duplicata (Beta Ltda.) recebeu o valor dela diretamente da sacada (Gama Ltda.), desfalcando pois a caução. Nesse caso, tanto Beta Ltda. como Gama Ltda. serão responsabilizadas pelo pagamento da dívida. É a aplicação da cláusula de antecipação. Julgamos demasiadamente rigorosa essa disposição; Gama Ltda. poderia receber o valor da duplicata e imediatamente aplicar esse valor na amortização da dívida para com o Banco Alfa S/A, ou então oferecer outra duplicata em substituição à que foi quitada.

16.5. Da transcrição do penhor

A exemplo da hipoteca, o penhor deverá ser transcrito no registro competente, apesar de ser constituído de coisa móvel. Necessário se torna esse registro, para valer contra terceiros. O penhor rural será transcrito no Registro de Imóveis. Enquanto não cancelada, continua a valer a transcrição contra terceiros, conforme exigência do art. 1.438 do Código Civil e da Lei 492/37, do Decreto-lei 2.612/40 e Lei 2.666/55. O penhor de títulos de bolsa averbar-se-á nas repartições competentes ou na sede da emissora.

Tanto o credor como o devedor, um na ausência do outro, podem fazer registrar o penhor apresentando o respectivo instrumento. Adimplida a dívida, o devedor poderá fazer cancelar a transcrição do instrumento pignoratício apresentando, com a firma reconhecida, se o documento for particular, a quitação do credor. O mesmo direito compete ao adquirente do penhor por adjudicação, compra, sucessão ou remissão, exibindo seu título. Se for instituído penhor por instrumento particular, deverá ser feito no Cartório de Registro de Títulos e Documentos.

16.6. Da extinção do penhor

O penhor é prática de curta duração. Sempre terá um fim e seu término não costuma ser a longo prazo. Vimos já que o penhor agrícola tem o prazo de dois anos, ulteriormente prorrogável por mais dois. O penhor pecuário tem o prazo de três anos, prorrogável por mais três. Poderão antes ser resolvidos por comum acordo das partes ou por outros fatores. O primeiro, importante e sugestivo motivo para que se resolva o penhor é a solução da obrigação principal, ou seja, a dívida garantida pelo penhor. Se a dívida já foi paga, para que garantir esse pagamento? O penhor é um direito acessório e o acessório segue o principal; extinguiu-se este, extinguiu-se aquele.

Vários outros motivos extinguem o penhor. Constituindo de coisa móvel, esta pode perecer. É o caso do penhor rural: se for agrícola, os bens podem deteriorar-se; se for pecuário, o gado pode morrer ou adoecer gravemente, como com a aftosa, desvalorizando o objeto do penhor. Dá-se assim a extinção por falta de objeto. Pode-se, contudo, evitar a extinção substituindo-se as coisas perecidas. Os bancos costumam exigir contrato de seguro das coisas apenhadas, ficando eles beneficiários do pagamento do seguro.

A terceira causa é a renúncia da garantia pelo credor. O credor pode abrir mão da garantia, ou por acordo com o devedor, ou por declaração unilateral de vontade, por ato "inter-vivos" ou *causa mortis*. Pode ainda ser presumida. Presume-se a renúncia do credor, quando consentir na venda particular do penhor sem reserva de preço, quando restituir a sua posse ao devedor ou quando anuir à sua substituição por outra garantia. Outra causa parecida com a renúncia é se o credor abre mão de medida assecuratória de seu direito. É a hipótese, por exemplo, de ter a coisa empenhada sofrido penhora e arrematação sem que o credor pignoratício opusesse embargos; praticamente renunciou ao penhor. Resolve-se o penhor dando-se adjudicação judicial, a remissão, ou a venda amigável do penhor, se a admitir expressamente o contrato ou for autorizada pelo devedor ou pelo credor.

A confusão, na mesma pessoa, das qualidades de credor e dono da coisa é o quarto motivo de extinção do penhor. Entretanto, se a confusão se opera tão-somente quanto a uma parte da dívida pignoratícia, subsistirá inteiro o penhor quanto ao resto. Por exemplo: se uma coisa empenhada for levada a leilão e o credor a arremata, tornou-se dono da coisa seguradora de seu crédito. Outro exemplo: o pai deve ao filho único e lhe entrega uma coisa em penhor para garantir essa dívida; falece o pai e o filho herda a coisa empenhada. Nesses casos, aplica-se também a analogia com o art. 381, pelo qual uma obrigação se extingue quando credor e devedor confundem-se na mesma pessoa. Por derradeiro, é bom lembrar que o penhor tem como um dos pressupostos o fato de ser a coisa, dada em penhor, de propriedade de outrem, e não do credor.

16.7. O penhor industrial e mercantil

Novidade do novo código foi também a especialidade do penhor industrial e mercantil, que era já praticado pois são coisas próprias para constituir penhor; agora porém é instituto regulamentado. Podem ser objeto de penhor máquinas, aparelhos, materiais, instrumentos instalados e em funcionamento, com os acessórios ou sem eles, animais utilizados na indústria; sal e bens destinados à exploração das salinas; produtos de suinocultura, animais destinados à industrialização de carnes e derivados; matérias-primas e produtos industrializados (art. 1.447).

Pelo que se nota e pelo próprio nome, o ofertante dos bens em penhor é uma indústria, nela compreendendo frigoríficos e salinas. A indústria pode dar em penhor sua maquinaria operacional, matérias-primas ou produtos já prontos e destinados à venda, que deverão ser repostos. É o caso da indústria de geladeiras; poderá ela dar em penhor as prensas, as laminadoras, os aparelhos de pintura, tanques, como ainda os insumos como chapas de aço. Pode ser ainda geladeiras fabricadas, que são produtos acabados. É mais um tipo de penhor com a cláusula *constituti*, ou seja, as coisas empenhadas permanecem em poder do devedor.

Regula-se pelas disposições relativas aos armazéns gerais o penhor das mercadorias neles depositadas. Essa questão é regulamentada pelo Dec.1.101, de 1908, uma das mais antigas leis do Brasil. Os armazéns gerais são estabelecimentos destinados a guardar mercadorias e sobre elas podem eles emitir dois títulos de crédito: warrant e conhecimento de depósito. A mercadoria depositada fica em penhor desses títulos.

Prometendo pagar em dinheiro a dívida, que garante com penhor industrial o mercantil, o devedor poderá emitir, em favor do credor, cédula do respectivo crédito, na forma e para os fins que a lei especial determinar. Esse título é a Cédula de Crédito Industrial, devidamente regulamentada pelo Decreto-lei 413/69. É um tipo de nota promissória, garantida por penhor cedularmente constituído, ou seja, na própria cédula.

Constitui-se o penhor industrial, ou o mercantil, mediante instrumento público ou particular, registrados no Cartório de Registro de Imóveis da circunscrição onde estiverem situadas as coisas empenhadas (art. 1.448). O mais fácil será constituir o penhor na própria cédula.

O devedor não pode, sem o consentimento por escrito do credor, alterar as coisas empenhadas ou mudar-lhes a situação, nem delas dispor. O devedor que, anuindo o credor, alienar as coisas empenhadas, deverá repor outros bens da mesma natureza, que ficarão sub-rogados no penhor (art. 1.449). Se o devedor puder fazer o que bem entender com os bens em garantia, esta tornar-se-ia inócua. Está ele obrigado a manter a integridade das coisas empenhadas, como fiel depositário. Por exemplo, a fábrica de geladeiras que vende cem geladeiras entregues em penhor, deverá repô-las por outras. Se por sua culpa uma máquina se destrói, deverá ele repor essa máquina por outra, ou pagar parcela da dívida, proporcional à quebra da garantia.

Tem o credor direito a verificar o estado das coisas empenhadas, inspecionando-as onde se acharem, por si ou por pessoa que credenciar (art. 1.450). Em todo tipo de penhor sujeito à cláusula *constituti*, pode o credor verificar se os bens entregues em garantia de seu crédito conservam a integridade.

16.8. Do penhor de veículos

Os veículos, como automóvel, ônibus, caminhão e outros, são coisas móveis e, no sentido geral, podem ser objeto de penhor. Agora, entretanto, o novo código estabelece penhor especial de veículos, o que se torna compreensível, já que o antigo código foi elaborado na era em que não havia indústria automobilística no Brasil. Em nossos dias, o automóvel é centro de preocupação e das atividades do brasileiro e o direito tende a girar em torno dele. Por essa razão, o Código Civil regulamenta o penhor de veículos nos arts. 1.461 a 1.466.

Podem ser objeto de penhor os veículos empregados em qualquer espécie de transporte ou condução (art. 1.461). Pode-se incluir nessa espécie até os semoventes, como boi, burro ou cavalo. Embora possam ser objeto de penhor comum, não se incluem neste tipo de penhor máquinas agrícolas, tratores, escavadeiras, veículos de construção civil e outros desse tipo.

Constitui-se o penhor de veículos mediante instrumento público ou particular registrado no cartório de títulos e documentos do domicílio do devedor, e anotado no certificado de propriedade. Conforme foi visto no capítulo relacionado à hipoteca, navios e aeronaves são considerados coisas imóveis e, por isso, não são incluídos nestas questões. Uma lancha de passeio sim.

Prometendo pagar em dinheiro a dívida garantida com o penhor, poderá o devedor emitir cédula de crédito na forma e para os fins que a lei especial determinar. Há várias cédulas pignoratícias reguladas por leis especiais. Destinam-se essas cédulas a promover o crédito, circulando pelo mercado financeiro, ampliando o financiamento para a aquisição de veículos. Para estudo mais pormenorizado dessas cédulas pignoratícias de crédito, poderá ser consultado o livro de "Títulos de Crédito", deste mesmo autor e desta mesma editora.

Não se fará o penhor de veículos sem que estejam previamente segurados contra furto, avaria, perecimento e danos causados a terceiros (art. 1.463). O veículo dado em garantia fica em poder do devedor, que faz uso dele. Trata-se de um bem vulnerável, sujeito a desgaste, desvalorização e até mesmo destruição. Será para o credor uma garantia precária, sem inspirar confiança ao crédito. Deve ser portanto um bem idôneo, se for garantido pelo seguro, cujas despesas correrão obviamente para o devedor. O credor deve ser o beneficiário do seguro.

Tem o credor direito a verificar o estado do veículo empenhado, inspecionando-o onde se achar, por si ou por pessoa que credenciar (art. 1.464). É esta mais uma garantia do credor. O veículo empenhado para garantia do seu crédito permanece na posse e uso do devedor, que poderá fazer o que quiser, já que é ele o proprietário, malgrado não possa aliená-lo. Tem o credor todo interesse em saber a quantas anda sua garantia, e o devedor tem a obrigação de prestar-lhes esclarecimentos e demonstrar a integridade do veículo empenhado. Esse direito do credor pignoratício é peculiar a todo penhor em que a coisa empenhada fica na posse do devedor, por efeito da cláusula *constituti*, como é o caso do penhor rural, do industrial e do mercantil.

A alienação, ou a mudança, do veículo empenhado sem prévia comunicação ao credor importa no vencimento antecipado do crédito pignoratício (art. 1.465). O veículo dado em garantia está vinculado ao crédito e não pode sofrer qualquer alteração na sua integridade, sem que o credor autorize. O vencimento antecipado é instituto proveniente do direito norte-americano, denominado *acceleration clause* e vem sendo largamente utilizado. Afora essa sanção, o devedor pignoratício é depositário do bem e fica sujeito a sanções de depositário infiel.

O penhor de veículos só se pode convencionar pelo prazo máximo de dois anos, prorrogável até o limite de igual tempo, averbada a prorrogação à margem do registro respectivo (art. 1.466). O código restringiu o vencimento desse tipo de penhor para dois anos, visto que nesse período os veículos tendem a desvalorizar-se e abalar a garantia.

16.9. Do penhor de direitos e títulos de crédito

O código antigo regulamentava apenas o penhor de títulos de crédito, mas o atual alargou essa espécie de garantia para direitos em geral, não apenas de direitos cambiários. Podem ser objeto de penhor direitos, suscetíveis de cessão, sobre coisas móveis (art. 1.451). Existe assim penhor de direitos, ou seja, um direito sobre a importância desse tipo de garantia, o seu emprego e sua utilidade. É a contribuição do direito brasileiro ao direito romano.

Desde o tempo da antiga Roma, o penhor era a entrega de coisa móvel em garantia, mas criatividade brasileira apresenta o penhor de direitos sobre coisas móveis. Assim também fizeram alguns países, como a Itália, e acreditamos que tenha sido nossa iniciativa originada do art. 2.784 do Código Civil italiano:

Possono essere dati in pegno i beni mobili, i crediti e altri diritti aventi per oggeto beni mobili.	Podem ser dados em penhor os bens móveis, os créditos e outros direitos, tendo por objeto bens móveis.

Verdade é que os direitos sobre direitos referem-se a direitos sobre coisas móveis. Por exemplo, o warrant é título de crédito representativo de mercadorias, que são coisas móveis. Somos de opinião que, por analogia, o penhor pode estender-se a outros direitos, a bens incorpóreos. Existem casos de empréstimos bancários a empresas que dão em penhor direitos de propriedade industrial, como marcas e patentes.

Constitui-se o penhor de direitos mediante instrumento público ou particular, registrado no Registro de Títulos e Documentos. O titular do direito empenhado deverá entregar ao credor pignoratício os documentos comprobatórios desse direito, salvo se tiver interesse legítimo em conservá-los (art. 1.452). Fica garantido o credor, pois modificações no direito exigem normalmente modificações nos documentos representativos. Assim, não poderá o devedor promover modificações no bem empenhado, sem conhecimento do credor.

O penhor de crédito não tem eficácia senão quando notificado ao devedor que, em instrumento público ou particular, declarar-se ciente da existência do penhor (art. 1.453). A notificação se torna necessária quando o penhor for dado por um terceiro. Se o devedor entrega uma coisa em penhor ou os documentos dela, não será necessária notificação a ele.

O credor pignoratício deve praticar os atos necessários à conservação e defesa do direito empenhado e cobrar os juros mais prestações acessórias compreendidas na garantia (art. 1.454). Deve ele zelar pela integridade da garantia de seu crédito, porque é de seu interesse. É o caso do banco que empresta dinheiro a seu cliente, recebendo deste duplicatas, procurando colher a aceitação delas, notificando o sacado a fazer o pagamento e tomando todas as medidas assecuratórias dos direitos nelas incorporados, como por exemplo, impedir que se opere a prescrição dos direitos.

E mais: deverá cobrar o crédito empenhado, assim que se torne exigível. Se este constituir numa prestação pecuniária, depositará a importância recebida, de acordo com o devedor pignoratício, ou onde o juiz determinar; se consistir na entrega da coisa, nesta se subrogará o penhor (art. 1.455). No exemplo acima referido, o banco deverá cobrar as duplicatas depositando o valor delas em conta especial que fará parte do penhor. Estando vencido o crédito pignoratício, tem o credor direito a reter, da quantia recebida, o que lhe é devido, restituindo o restante ao devedor; ou a excutir a coisa a ele entregue.

Se o mesmo crédito for objeto de vários penhores, só ao credor pignoratício cujo direito prefira aos demais, o devedor deve pagar. Responde por perdas de danos aos demais credores o credor preferente que, notificado por qualquer um deles, não promover oportunamente a cobrança (art. 1.456). Contempla o código a situação de vários penhores sobre o mesmo crédito. O primeiro penhor tem a preferência, seguindo os demais, em ordem de data. O devedor é obrigado a pagar ao primeiro, mas este é o responsável pela cobrança, como por exemplo, permitindo a prescrição ou o atraso no pagamento sem juros e correção monetária, assumirá responsabilidade perante os demais credores pelos danos que causar a eles.

O titular do crédito empenhado só pode receber o pagamento com a anuência, por escrito, do credor pignoratício, caso em que o penhor se extinguirá (art. 1.457). Há nesse caso três figuras intervenientes: o devedor e dois credores, sendo esses dois o titular do crédito dado em penhor, e o credor pignoratício, isto é, o titular do crédito garantido. O devedor deve pagar primeiro o credor pignoratício e, nesse caso, o crédito empenhado será devolvido ao outro credor, que irá cobrá-lo do devedor.

Quando o penhor for constituído de títulos de crédito é chamado de caução. Podem ser objetos de penhor tanto títulos de crédito públicos como privados, tais como duplicatas, warrants, letras de câmbio e demais. São operações freqüentemente praticadas pelas instituições financeiras. Um banco, ao emprestar dinheiro a uma empresa, recebe dela o faturamento, servindo as duplicatas de garantia para o pagamento do empréstimo. Essa operação vai mais além. A empresa devedora transfere por endosso-cobrança as duplicatas para o banco, encarregando-se este de recebê-las do sacado, utilizando o dinheiro recebido na "solutio" do débito.

A caução de títulos nominativos da dívida da União, dos Estados e dos Municípios equipara-se ao penhor e vale contra terceiros, desde que for transcrito, ainda que esses títulos não hajam sido entregues ao credor. Utiliza-se o nome "caução", distinguindo-o do penhor comum por ter características especiais, porquanto o penhor consiste normalmente de "coisas", vale dizer, bens corpóreos.

Essa caução principia a ter efeito com a tradição do título ao credor, e provar-se-á por escrito. Já se convencionou comprovar a entrega de títulos de crédito com uma relação escrita deles, chamada de *borderau*, cuja cópia é protocolada pelo credor caucionado.

Ao credor por essa caução compete o direito de conservar e recuperar a posse dos títulos caucionados contra o detentor deles, inclusive o próprio dono, por todos os meios cíveis ou criminais, usando dos meios judiciais convenientes para assegurar os seus direitos, e os do credor do título emprenhado. Pode fazer intimar o devedor do título para que não pague ao seu credor, enquanto durar o penhor. Cabe-lhe ainda receber a importância consubstanciada no título e os respectivos juros, se exigíveis, restituindo o título ao devedor quando este solver a obrigação.

O credor caucionado, porém, ao lado dos direitos assume determinadas obrigações. Coloca-se na posição de depositário, responsabilizando-se pelo destino e integridade do título caucionado. Poderá pagar-se no capital e despesas, com o fruto do recebimento dos títulos, mas, se der quitação ao devedor do título empenhado, deverá saldar imediatamente a dívida, em cuja garantia se constituiu o penhor. Deverá ainda devolver ao devedor o que sobrar dos recebimentos.

O devedor do título caucionado, como é o caso do sacado de uma duplicata, deverá ser avisado por escrito. Tanto que ele receba o aviso por escrito ou se dê ciente da caução, não poderá pagar ao sacador da duplicata ou receber quitação, mas só ao detentor do título caucionado, o beneficiário da caução. Se o fizer, responderá solidariamente com o sacador, perante o credor pignoratício (art. 1.460).

Vamos examinar este exemplo: O Banco Alfa S/A concede empréstimo a Beta S/A e esta entrega ao banco como caução duplicatas por ela sacadas, para garantir o empréstimo. Uma das duplicatas era sacada contra Gama S/A. Ao entregar a duplicata em caução, Beta S/A outorgou ao Banco Alfa S/A endosso-mandato para que este recebesse o valor dela cobrando-a de Gama S/A.

Entretanto, a sacadora da duplicata, Beta S/A, recebeu o valor dela diretamente de Gama S/A, desfalcando pois a caução. Neste caso, tanto Beta S/A como Gama S/A serão responsabilizadas solidariamente pela dívida. Beta S/A, porém, poderia pagar parcialmente sua dívida para com o banco, com o valor recebido, ou então substituir a duplicata por outra de valor igual ou semelhante. Entretanto, o art. 1.460 estabelece disposição demasiadamente rigorosa: Beta S/A deverá pagar o montante da dívida, em cuja garantia se constituiu o penhor. É, mais ou menos, a aplicação da *acceleration clause*, ou cláusula de antecipação.

O penhor, que recai sobre títulos de crédito, constitui-se mediante instrumento público ou particular ou endosso pignoratício, com a tradição do título ao credor, regendo-se esse penhor pelo Código Civil, embora os títulos de crédito se rejam pela legislação cambiária. Normalmente o penhor é um contrato celebrado por instrumento particular, que é levado a registro público para valer contra terceiros. Pouco se sabe de penhor celebrado por instrumento público.

Nas operações bancárias, os títulos de crédito são entregues ao banco-devedor mediante endosso pignoratício; consta esse endosso da assinatura do portador do título de crédito no verso dele com a indicação: "endosso-mandato", "endosso-cobrança", ou "endosso pignoratício".

Novo Código Civil

TÍTULO X

Do Penhor, da Hipoteca e da Anticrese

CAPÍTULO I

Disposições Gerais

Art. 1.419. Nas dívidas garantidas por penhor, anticrese ou hipoteca, o bem dado em garantia fica sujeito, por vínculo real, ao cumprimento da obrigação.

Art. 1.420. Só aquele que pode alienar poderá empenhar, hipotecar ou dar em anticrese; só os bens que se podem alienar poderão ser dados em penhor, anticrese ou hipoteca.

§ 1º. A propriedade superveniente torna eficaz, desde o registro, as garantias reais estabelecidas por quem não era dono.

§ 2º. A coisa comum a dois ou mais proprietários não pode ser dada em garantia real, na sua totalidade, sem o consentimento de todos; mas cada um pode individualmente dar em garantia real a parte que tiver.

Art. 1.421. O pagamento de uma ou mais prestações da dívida não importa exoneração correspondente da garantia, ainda que esta compreenda vários bens, salvo disposição expressa no título ou na quitação.

Art. 1.422. O credor hipotecário e o pignoratício têm o direito de excutir a coisa hipotecada ou empenhada, e preferir, no pagamento, a outros credores, observada, quanto à hipoteca, a prioridade no registro.

Parágrafo único. Excetuam-se da regra estabelecida neste artigo as dívidas que, em virtude de outras leis, devam ser pagas precipuamente a quaisquer outros créditos.

Art. 1.423. O credor anticrético tem direito a reter em seu poder o bem, enquanto a dívida não for paga; extingue-se esse direito decorridos quinze anos da data de sua constituição.

Art. 1.424. Os contratos de penhor, anticrese ou hipoteca declararão, sob pena de não terem eficácia:

I – o valor do crédito, sua estimação, ou valor máximo;

II – o prazo fixado para pagamento;

III – a taxa dos juros, se houver;

IV – o bem dado em garantia com as suas especificações.

Art. 1.425. A dívida considera-se vencida:

I – se, deteriorando-se, ou depreciando-se o bem dado em segurança, desfalcar a garantia, e o devedor, intimado, não a reforçar ou substituir;

II – se o devedor cair em insolvência ou falir;

III – se as prestações não forem pontualmente pagas, toda vez que deste modo se achar estipulado o pagamento. Neste caso, o recebimento posterior da prestação atrasada importa renúncia do credor ao seu direito de execução imediata;

IV – se perecer o bem dado em garantia, e não for substituído;

V – se se desapropriar o bem dado em garantia, hipótese na qual se depositará a parte do preço que for necessária para o pagamento integral do credor.

§ 1º. Nos casos de perecimento da coisa dada em garantia, esta se sub-rogará na indenização do seguro, ou no ressarcimento do dano, em benefício do credor, a quem assistirá sobre ela preferência até seu completo reembolso.

§ 2º. Nos casos dos incisos IV e V, só se vencerá a hipoteca antes do prazo estipulado, se o perecimento, ou a desapropriação recair sobre o bem dado em garantia, e esta não abranger outras;

subsistindo, no caso contrário, a dívida reduzida, com a respectiva garantia sobre os demais bens, não desapropriados ou destruídos.

Art. 1.426. Nas hipóteses do artigo anterior, de vencimento antecipado da dívida, não se compreendem os juros correspondentes ao tempo ainda não decorrido.

Art. 1.427. Salvo cláusula expressa, o terceiro que presta garantia real por dívida alheia não fica obrigado a substituí-la, ou reforçá-la, quando, sem culpa sua, se perca, deteriore, ou desvalorize.

Art. 1.428. É nula a cláusula que autoriza o credor pignoratício, anticrético ou hipotecário a ficar com o objeto da garantia, se a dívida não for paga no vencimento.

Parágrafo único. Após o vencimento, poderá o devedor dar a coisa em pagamento da dívida.

Art. 1.429. Os sucessores do devedor não podem remir parcialmente o penhor ou a hipoteca na proporção dos seus quinhões; qualquer deles, porém, pode fazê-lo no todo.

Parágrafo único. O herdeiro ou sucessor que fizer a remição fica sub-rogado nos direitos do credor pelas quotas que houver satisfeito.

Art. 1.430. Quando, excutido o penhor, ou executada a hipoteca, o produto não bastar para pagamento da dívida e despesas judiciais, continuará o devedor obrigado pessoalmente pelo restante.

CAPÍTULO II

Do Penhor

Da Constituição do Penhor

Art. 1.431. Constitui-se o penhor pela transferência efetiva da posse que, em garantia do débito ao credor ou a quem o represente, faz o devedor, ou alguém por ele, de uma coisa móvel, suscetível de alienação.

Parágrafo único. No penhor rural, industrial, mercantil e de veículos, as coisas empenhadas continuam em poder do devedor, que as deve guardar e conservar.

Art. 1.432. O instrumento do penhor deverá ser levado a registro, por qualquer dos contratantes; o do penhor comum será registrado no Cartório de Títulos e Documentos.

Seção II

Dos Direitos do Credor Pignoratício

Art. 1.433. O credor pignoratício tem direito:
I – à posse da coisa empenhada;
II – à retenção dela, até que o indenizem das despesas devidamente justificadas, que tiver feito, não sendo ocasionadas por culpa sua;
III – ao ressarcimento do prejuízo que houver sofrido por vício da coisa empenhada;
IV – a promover a execução judicial, ou a venda amigável, se lhe permitir expressamente o contrato, ou lhe autorizar o devedor mediante procuração;
V – a apropriar-se dos frutos da coisa empenhada que se encontra em seu poder;
VI – a promover a venda antecipada, mediante prévia autorização judicial, sempre que haja receio fundado de que a coisa empenhada se perca ou deteriore, devendo o preço ser depositado. O dono da coisa empenhada pode impedir a venda antecipada, substituindo-a, ou oferecendo outra garantia real idônea.

Art. 1.434. O credor não pode ser constrangido a devolver a coisa empenhada, ou uma parte dela, antes de ser integralmente pago, podendo o juiz, a requerimento do proprietário, determinar que seja vendida apenas uma das coisas, ou parte da coisa empenhada, suficiente para o pagamento do credor.

Seção III

Das Obrigações do Credor Pignoratício

Art. 1.435. O credor pignoratício é obrigado:

I – à custódia da coisa, como depositário, e a ressarcir ao dono a perda ou deterioração de que for culpado, podendo ser compensada na dívida, até a concorrente quantia, a importância da responsabilidade;

II – à defesa da posse da coisa empenhada e a dar ciência, ao dono dela, das circunstâncias que tornarem necessário o exercício de ação possessória;

III – a imputar o valor dos frutos, de que se apropriar (art. 1.433, inciso V) nas despesas de guarda e conservação, nos juros e no capital da obrigação garantida, sucessivamente;

IV – a restituí-la, com os respectivos frutos e acessões, uma vez paga a dívida;

V – a entregar o que sobeje do preço, quando a dívida for paga, no caso do inciso IV do art. 1.433.

Seção IV

Da Extinção do Penhor

Art. 1.436. Extingue-se o penhor:
I – extinguindo-se a obrigação;
II – perecendo a coisa;
III – renunciando o credor;
IV – confundindo-se na mesma pessoa as qualidades de credor e de dono da coisa;
V – dando-se a adjudicação judicial, a remissão ou a venda da coisa empenhada, feita pelo credor ou por ele autorizada.

§ 1º. Presume-se a renúncia do credor quando consentir na venda particular do penhor sem reserva de preço, quando restituir a sua posse ao devedor, ou quando anuir à sua substituição por outra garantia.

§ 2º. Operando-se a confusão tão-somente quanto a parte da dívida pignoratícia, subsistirá inteiro o penhor quanto ao resto.

Art. 1.437. Produz efeitos a extinção do penhor depois de averbado o cancelamento do registro, à vista da respectiva prova.

Seção V

Do Penhor Rural

Subseção I

Disposições Gerais

Art. 1.438. Constitui-se o penhor rural mediante instrumento público ou particular, registrado no Cartório de Registro de Imóveis da circunscrição em que estiverem situadas as coisas empenhadas.
Parágrafo único. Prometendo pagar em dinheiro a dívida, que garante com penhor rural, o devedor poderá emitir, em favor do credor, cédula rural pignoratícia, na forma determinada em lei especial.
Art. 1.439. O penhor agrícola e o penhor pecuário somente podem ser convencionados, respectivamente, pelos prazos máximos de três e quatro anos, prorrogáveis, uma só vez, até o limite de igual tempo.
§ 1º. Embora vencidos os prazos, permanece a garantia, enquanto subsistirem os bens que a constituem.
§ 2º. A prorrogação deve ser averbada à margem do registro respectivo, mediante requerimento do credor e do devedor.
Art. 1.440. Se o prédio estiver hipotecado, o penhor rural poderá constituir-se independentemente da anuência do credor hipotecário, mas não lhe prejudica o direito de preferência, nem restringe a extensão da hipoteca, ao ser executada.
Art. 1.441. Tem o credor direito a verificar o estado das coisas empenhadas, inspecionando-as onde se acharem, por si ou por pessoa que credenciar.

Subseção II

Do Penhor Agrícola

Art. 1.442. Podem ser objeto de penhor:
I – máquinas e instrumentos de agricultura;

II – colheitas pendentes, ou em via de formação;
III – frutos acondicionados ou armazenados;
IV – lenha cortada e carvão vegetal;
V – animais do serviço ordinário de estabelecimento agrícola.

Art. 1.443. O penhor agrícola que recai sobre colheita pendente, ou em via de formação, abrange a imediatamente seguinte, no caso de frustrar-se ou ser insuficiente a que se deu em garantia.

Parágrafo único. Se o credor não financiar a nova safra, poderá o devedor constituir com outrem novo penhor, em quantia máxima equivalente à do primeiro; o segundo penhor terá preferência sobre o primeiro, abrangendo este apenas o excesso apurado na colheita seguinte.

Subseção III

Do Penhor Pecuário

Art. 1.444. Podem ser objeto de penhor os animais que integram a atividade pastoril, agrícola ou de lacticínios.

Art. 1.445. O devedor não poderá alienar os animais empenhados sem prévio consentimento, por escrito, do credor.

Parágrafo único. Quando o devedor pretende alienar o gado empenhado ou, por negligência, ameace prejudicar o credor, poderá este requerer se depositem os animais sob a guarda de terceiro, ou exigir que se lhe pague a dívida de imediato.

Art. 1.446. Os animais da mesma espécie, comprados para substituir os mortos, ficam sub-rogados no penhor.

Parágrafo único. Presume-se a substituição prevista neste artigo, mas não terá eficácia contra terceiros, se não constar de menção adicional ao respectivo contrato, a qual deverá ser averbada.

Seção VI

Do Penhor Industrial e Mercantil

Art. 1.447. Podem ser objeto de penhor máquinas, aparelhos, materiais, instrumentos, instalados e em funcionamento, com os acessórios ou sem eles; animais, utilizados na indústria; sal e bens destinados à exploração das salinas; produtos de suinocultura, animais destinados à industrialização de carnes e derivados; matérias-primas e produtos industrializados.

Parágrafo único. Regula-se pelas disposições relativas aos armazéns gerais o penhor das mercadorias neles depositadas.

Art. 1.448. Constitui-se o penhor industrial, ou o mercantil, mediante instrumento público ou particular, registrado no Cartório de Registro de Imóveis da circunscrição onde estiverem situadas as coisas empenhadas.

Parágrafo único. Prometendo pagar em dinheiro a dívida, que garante com penhor industrial ou mercantil, o devedor poderá emitir, em favor do credor, cédula do respectivo crédito, na forma e para os fins que a lei especial determinar.

Art. 1.449. O devedor não pode, sem o consentimento por escrito do credor, alterar as coisas empenhadas ou mudar-lhes a situação, nem delas dispor. O devedor que, anuindo o credor, alienar as coisas empenhadas, deverá repor outros bens da mesma natureza, que ficarão sub-rogados no penhor.

Art. 1.450. Tem o credor direito a verificar o estado das coisas empenhadas, inspecionando-as onde se acharem, por si ou por pessoa que credenciar.

Seção VII

Do Penhor de Direitos e Títulos de Crédito

Art. 1.451. Podem ser objeto de penhor direitos, suscetíveis de cessão, sobre coisas móveis.

Art. 1.452. Constitui-se o penhor de direito mediante instrumento público ou particular, registrado no Registro de Títulos e Documentos.

Parágrafo único. O titular de direito empenhado deverá entregar ao credor pignoratício os documentos comprobatórios desse direito, salvo se tiver interesse legítimo em conservá-los.

Art. 1.453. O penhor de crédito não tem eficácia senão quando notificado ao devedor; por notificado tem-se o devedor que, em instrumento público ou particular, declarar-se ciente da existência do penhor.

Art. 1.454. O credor pignoratício deve praticar os atos necessários à conservação e defesa do direito empenhado e cobrar os juros e mais prestações acessórias compreendidas na garantia.

Art. 1.455. Deverá o credor pignoratício cobrar o crédito empenhado, assim que se torne exigível. Se este consistir numa prestação pecuniária, depositará a importância recebida, de acordo com o devedor pignoratício, ou onde o juiz determinar; se consistir na entrega da coisa, nesta se sub-rogará o penhor.

Parágrafo único. Estando vencido o crédito pignoratício, tem o credor direito a reter, da quantia recebida, o que lhe é devido, restituindo o restante ao devedor; ou a excutir a coisa a ele entregue.

Art. 1.456. Se o mesmo crédito for objeto de vários penhores, só ao credor pignoratício, cujo direito prefira aos demais, o devedor deve pagar; responde por perdas e danos aos demais credores o credor preferente que, notificado por qualquer um deles, não promover oportunamente a cobrança.

Art. 1.457. O titular do crédito empenhado só pode receber o pagamento com a anuência, por escrito, do credor pignoratício, caso em que o penhor se extinguirá.

Art. 1.458. O penhor, que recai sobre título de crédito, constitui-se mediante instrumento público ou particular ou endosso pignoratício, com a tradição do título ao credor, regendo-se pelas Disposições Gerais deste Título e, no que couber, pela presente Seção.

Art. 1.459. Ao credor, em penhor de título de crédito, compete o direito de:

I – conservar a posse do título e recuperá-la de quem quer que o detenha;

II – usar dos meios judiciais convenientes para assegurar os seus direitos, e os do credor do título empenhado;

III – fazer intimar ao devedor do título que não pague ao seu credor, enquanto durar o penhor;

IV – receber a importância consubstanciada no título e os respectivos juros, se exigíveis, restituindo o título ao devedor, quando este solver a obrigação.

Art. 1.460. O devedor do título empenhado que receber a intimação prevista no inciso III do artigo antecedente, ou se der por ciente do penhor, não poderá pagar ao seu credor. Se o fizer, responderá solidariamente por este, por perdas e danos, perante o credor pignoratício.

Parágrafo único. Se o credor der quitação ao devedor do título empenhado, deverá saldar imediatamente a dívida, em cuja garantia se constituiu o penhor.

Seção VIII

Do Penhor de Veículos

Art. 1.461. Podem ser objeto de penhor os veículos empregados em qualquer espécie de transporte ou condução.

Art. 1.462. Constitui-se o penhor, a que se refere o artigo antecedente, mediante instrumento público ou particular, registrado no Cartório de Títulos e Documentos do domicílio do devedor, e anotado no certificado de propriedade.

Parágrafo único. Prometendo pagar em dinheiro a dívida garantida com o penhor, poderá o devedor emitir cédula de crédito, na forma e para os fins que a lei especial determinar.

Art. 1.463. Não se fará o penhor de veículos sem que estejam previamente segurados contra furto, avaria, perecimento e danos causados a terceiros.

Art. 1.464. Tem o credor direito a verificar o estado do veículo empenhado, inspecionando-o onde se achar, por si ou por pessoa que credenciar.

Art. 1.465. A alienação, ou a mudança, do veículo empenhado sem prévia comunicação ao credor importa no vencimento antecipado do crédito pignoratício.

Art. 1.466. O penhor de veículos só se pode convencionar pelo prazo máximo de dois anos, prorrogável até o limite de igual tempo, averbada a prorrogação à margem do registro respectivo.

Seção IX

Do Penhor Legal

Art. 1.467. São credores pignoratícios, independentemente de convenção:

I – os hospedeiros, ou fornecedores de pousada ou alimento, sobre as bagagens, móveis, jóias ou dinheiro que os seus consumidores ou fregueses tiverem consigo nas respectivas casas ou estabelecimentos, pelas despesas ou consumo que aí tiverem feito;

II – o dono do prédio rústico ou urbano, sobre os bens móveis que o rendeiro ou inquilino tiver guarnecendo o mesmo prédio, pelos aluguéis ou rendas.

Art. 1.468. A conta das dívidas enumeradas no inciso I do artigo antecedente será extraída conforme a tabela impressa, prévia e ostensivamente exposta na casa, dos preços de hospedagem, da pensão ou dos gêneros fornecidos, sob pena de nulidade do penhor.

Art. 1.469. Em cada um dos casos do art. 1.467, o credor poderá tomar em garantia um ou mais objetos até o valor da dívida.

Art. 1.470. Os credores, compreendidos no art. 1.467, podem fazer efetivo o penhor, antes de recorrerem à autoridade judiciária, sempre que haja perigo na demora, dando aos devedores comprovante dos bens de que se apossarem.

Art. 1.471. Tomado o penhor, requererá o credor, ato contínuo, a sua homologação judicial.

Art. 1.472. Pode o locatário impedir a constituição do penhor mediante caução idônea.

17. DA ANTICRESE

17.1. Conceito e requisitos
17.2. Direitos do credor anticrético

17.1. Conceito e requisitos

A anticrese consiste na entrega de uma coisa imóvel ao credor, que a conserva consigo, auferindo os lucros que ela proporcionar enquanto perdurar a dívida. O imóvel precisa ser portanto frugífero, proveitoso, produzir lucros, pois o objeto da anticrese não é diretamente o imóvel mas os frutos dele. É um direito real sobre imóvel alheio, acessório a uma dívida, resultando de um pacto entre devedor e credor. Pode o devedor, ou outrem por ele, entregando ao credor um imóvel, ceder-lhe o direito de perceber em compensação da dívida os frutos e rendimentos. É permitido estipular que os frutos e rendimentos do imóvel na sua totalidade sejam percebidos pelo credor somente à conta de juros. O imóvel hipotecado pode ser dado em anticrese pelo devedor ao credor hipotecário, assim como o imóvel sujeito à anticrese pode ser hipotecado pelo devedor ao credor anticrético (art. 1.506).

Trata-se de um tipo de compensação de uma dívida, pela qual o devedor anticrético remunera seu credor. A expressão "anticrese" é de origem grega: *anti* = contra e *khresis* = uso. Deve ser, por isso, de origem grega, mas chegou até nós pelo direito romano, que a considera apenas um pacto adjeto ao penhor e não um instituto autônomo. O moderno direito não tem dado muito valor à anticrese. O atual Código Civil português, em vigor a partir de 1967, suprimiu-a. O Código Civil italiano, de 1942, também suprimiu-a como direito real de garantia, mas a conservou como contrato.

Podemos considerá-la também como um contrato acessório a outro contrato. Como contrato, tem os mesmos fundamentos da garantia como se pode notar na definição que lhe dá o art. 1.960 do Código Civil italiano:

L'anticresi è il contratto col qualle il debitore o un terzo si obbliga a consegnare un immobile al creditore a garanzia del credito, affinchè il creditore ne percepisca i frutti, imputandoli agli interessi, se dovuti, e quindi al capitale.	A anticrese é o contrato pelo qual o devedor ou um terceiro obriga-se a consignar um imóvel ao credor, para garantia do crédito, a fim de que o credor desfrute dos frutos desse imóvel, incorporando-os aos seus interesses, se devidos, e portanto ao capital.

Há muito paralelismo com o art. 1.507 de nosso código, mas um usa o termo "consignar" e o outro "entregar". Em nosso direito, o imóvel deve ser entregue ao credor anticrético, tanto que ele assume responsabilidade pelo seu usufruto. O credor anticrético responde pelas deteriorações que, por culpa sua, o imóvel sofrer, e pelos frutos que, por sua negligência, deixar de perceber (art. 1.508).

O Código Civil francês, por outro lado, transmite um conceito bem parecido da anticrese, mas dá a entender que não é necessária a entrega do imóvel, mas apenas os frutos:

Art. 2.085 — L'antichrèse ne s'établit que par écrit. Le creancier n'acquiert par ce contrat que la faculté de percevoir les fruits de l'immeuble, à le charge de les imputer annuellement sur les interêts, s'il lui en est dûs, et ensuite sur le capital de sa créance.	Art. 2.085 — A anticrese só se estabelece por escrito. O credor apenas adquire por esse contrato a faculdade de perceber os frutos do imóvel, sob a condição de levá-los anualmente em conta de seus lucros, se lhe forem devidos, e, em seguida, sobre o capital de seu crédito.

17.2. Direitos do credor anticrético

Há ampla liberdade do credor na exploração do imóvel anticrético, com vários poderes, até a dívida ser paga. O credor anticrético pode fruir diretamente o imóvel ou arrendá-lo a terceiro, salvo pacto em contrário, mantendo, no último caso, até ser pago, o direito de retenção do imóvel.

O credor anticrético pode vindicar os seus direitos contra o adquirente do imóvel, os credores quirografários e os hipotecários posteriores à transcrição da anticrese. Se, porém, executar o imóvel por não-pagamento da dívida, ou permitir que outro credor o execute sem opor o seu direito de retenção ao exeqüente, não terá preferência sobre o preço. Também não a terá sobre a indenização de seguro quando o prédio seja destruído, nem, se for desapropriado, sobre a da desapropriação (art. 1.509, § 2º).

O credor anticrético goza de privilégios sobre outros credores e por isso a lei lhe confere poderes para a defesa de seus privilégios. Dispõe o credor anticrético de direito de seqüela, vale dizer, se o proprietário do imóvel anticrético aliená-lo, mantêm-se os direitos do credor contra os adquirentes do imóvel. Se o devedor anticrético tiver dívidas e os outros credores pedirem penhora do imóvel anticrético, pode o credor embargar a penhora fazendo valer seus privilégios.

Novo Código Civil

CAPÍTULO IV

Da Anticrese

Art. 1.506. Pode o devedor ou outrem por ele, com a entrega do imóvel ao credor, ceder-lhe o direito de perceber, em compensação da dívida, os frutos e rendimentos.

§ 1º. É permitido estipular que os frutos e rendimentos do imóvel sejam percebidos pelo credor à conta de juros, mas se o seu valor ultrapassar a taxa máxima permitida em lei para as operações financeiras, o remanescente será imputado ao capital.

§ 2º. Quando a anticrese recair sobre bem imóvel, este poderá ser hipotecado pelo devedor ao credor anticrético, ou a terceiros, assim como o imóvel hipotecado poderá ser dado em anticrese.

Art. 1.507. O credor anticrético pode administrar os bens dados em anticrese e fruir seus frutos e utilidades, mas deverá apresentar anualmente balanço, exato e fiel, de sua administração.

§ 1º. Se o devedor anticrético não concordar com o que se contém no balanço, por ser inexato, ou ruinosa a administração, poderá impugná-lo, e, se o quiser, requerer a transformação em arrendamento, fixando o juiz o valor mensal do aluguel, o qual poderá ser corrigido anualmente.

§ 2º. O credor anticrético pode, salvo pacto em sentido contrário, arrendar os bens dados em anticrese a terceiro, mantendo, até ser pago, direito de retenção do imóvel, embora o aluguel desse arrendamento não seja vinculativo para o devedor.

Art. 1.508. O credor anticrético responde pelas deteriorações que, por culpa sua, o imóvel vier a sofrer, e pelos frutos e rendimentos que, por sua negligência, deixar de perceber.

Art. 1.509. O credor anticrético pode vindicar os seus direitos contra o adquirente dos bens, os credores quirografários e os hipotecários posteriores ao registro da anticrese.

§ 1º. Se executar os bens por falta de pagamento da dívida, ou permitir que outro credor o execute, sem opor o seu direito de retenção ao exeqüente, não terá preferência sobre o preço.

§ 2º. O credor anticrético não terá preferência sobre a indenização do seguro, quando o prédio seja destruído, nem, se forem desapropriados os bens, com relação à desapropriação.

Art. 1.510. O adquirente dos bens dados em anticrese poderá remi-los, antes do vencimento da dívida, pagando a sua totalidade à data do pedido de remição e imitir-se-á, se for o caso, na sua posse.

18. DA HIPOTECA

18.1. Conceito
18.2. Da hipoteca legal
18.3. Do terceiro adquirente
18.4. Da hipoteca voluntária
18.5. Requisitos e características
18.6. Da execução da hipoteca
18.7. Hipoteca de devedor insolvente
18.8. Direito de remissão
18.9. Da extinção da hipoteca
18.10. Da hipoteca de vias férreas
18.11. Do registro da hipoteca
18.12. Da especialização

18.1. Conceito

Tanto quanto anticrese, hipoteca é uma palavra de origem grega – *hypotheke* –, o que nos faz supor que os romanos tenham herdado esse tipo de garantia da antiga Grécia. A hipoteca é um direito real de garantia e consiste na entrega de uma coisa ao credor, como acontece com o penhor. Contudo, a coisa entregue em penhor é um móvel e em hipoteca é imóvel. Não é a única diferença: no penhor, a coisa deve ser entregue ao credor; há a tradição (*pignus datum*); na hipoteca, o imóvel permanece em mãos do devedor, ficando a obrigação de vinculá-lo ao pagamento da dívida (*pignus obligatum*). O direito romano não fazia distinção entre penhor e hipoteca, exceto do *pignus datum* e o *pignus obligatum*.

No direito moderno existe nítida distinção entre penhor e hipoteca, regulamentados em seções separadas no Código Civil. A finalidade porém é a mesma: é um direito real de garantia pelo qual um bem imóvel fica afetado ao cumprimento de uma dívida, embora permaneça em poder do devedor. Essa é também a concepção do art. 2.114 do Código Civil francês:

L'hypothèque est un droit réel sur les immeubles affectés a l'acquittement d'une obligation. Elle est, de sa nature, indivisible en entier sur tous les immeubles. Elle suit dans quelques mains qu'ils passent.	A hipoteca é um direito real sobre os imóveis afetados ao adimplemento de uma obrigação. Ela é, por sua natureza, indivisível inteiramente sobre todos os imóveis afetados. Ela segue por todas as mãos em que eles passem.

A definição francesa ressalta uma importante característica da hipoteca: a indivisibilidade, adotando-a do brocardo extraído do Código de Justiniano: "Hypotheca est tota in toto e tota in qualibet parte rei" (a hipoteca é inteira sobre todos e sobre cada parte da coisa). A indivisibilidade da hipoteca implica em que o ônus real grave o imóvel na sua totalidade e em todas as suas partes. Mesmo que a dívida seja dividida ou amortizada parcialmente, o credor hipotecário poderá executar a hipoteca no seu todo. O pagamento parcial da dívida não dá ao devedor hipotecante redução proporcional da garantia hipotecária. Se o imóvel hipotecado for dividido entre vários herdeiros, o credor hipotecário poderá demandar o pagamento integral de seu crédito a cada um dos co-herdeiros. É como se fosse uma obrigação solidária.

Outra característica da hipoteca é a seqüela reservada ao credor hipotecário. Mesmo que o imóvel hipotecado seja transferido para outrem, a hipoteca o segue. O credor hipotecário poderá executar o bem hipotecado seja lá quem for seu detentor. É um ônus real, um direito imobiliário; recai sobre imóveis e outros bens legalmente equiparados a imóveis. É o caso de navios e aeronaves. É também um direito acessório, uma vez que recai sobre imóveis afetados ao cumprimento de uma obrigação.

Podemos complementar o aspecto conceitual considerando o art. 2.808 do Código Civil italiano:

Costituzione ed effeti dell' hipoteca.	Constituição e efeitos da hipoteca.
L'ipoteca attribuisce al creditore il diritto di espropriare, anche in confronto del terzo acquirente, i beni vincolati a garanzia del suo credito e di essere soddisfatto con preferenza sul prezzo ricavato dall'espropriazione. L'ipoteca può avere per oggetto beni del debitore o di un terzo e se costituisce mediante iscrizione nel registri immobiliari. L'ipoteca é legale, giudiziale o volontaria.	A hipoteca atribui ao credor o direito de expropriar, mesmo em confronto ao adquirente, os bens vinculados em garantia de seu crédito e de ser satisfeito, com preferência com o resultado da expropriação. A hipoteca pode ter por objeto bens do devedor ou de um terceiro e se constitui mediante inscrição no registro de imóveis. A hipoteca é legal, judicial ou voluntária.

Notamos agora novas características da hipoteca: o direito de preferência. O credor hipotecário deve ser pago com o resultado da excussão do imóvel, antes de qualquer credor. Revela-se ainda a possibilidade de ser o bem, oferecido em hipoteca, de domínio do devedor hipotecante ou então pertencente a um terceiro, que intervenha em favor do devedor, oferecendo bem de seu domínio. Falaremos em seguida dos três tipos de hipoteca: legal, judicial ou voluntária.

18.2. Da hipoteca legal

A hipoteca legal não é de natureza contratual, mas deve ser cumprida por exigência da lei, direito concedido a pessoas determinadas, em garantia de atos de administração sobre os bens delas. É exigida em determinados hipotecantes em virtude de atos por eles praticados e de funções exercidas. O credor da hipoteca legal, ou quem o represente, poderá, mostrando a insuficiência dos imóveis especializados, exigir que seja reforçada com outros, posteriormente adquiridos pelo responsável. A hipoteca legal pode ser substituída por caução de títulos da dívida pública federal ou estadual, recebidos pelo valor de sua cotação mínima no ano corrente; ou por outra garantia, a critério do juiz, a requerimento do devedor.

O art.1.489 prevê cinco hipóteses de hipoteca legal. A primeira delas é de questão que, em nossos dias, está regulamentada pelo Direito Administrativo. É a hipoteca legal de pessoas jurídicas de direito público interno (União, Estados, Distrito Federal, Municípios, Autarquias, etc.) sobre os imóveis pertencentes aos encarregados da cobrança, guarda ou administração dos respectivos fundos e vendas. É a hipoteca legal da Fazenda Pública sobre os imóveis de funcionários públicos que possam dilapidar o patrimônio público.

Outra hipótese de hipoteca legal é a da vítima de um crime, ou de seus herdeiros sobre os imóveis do autor do crime, para satisfação do dano causado pelo delito e pagamento das despesas judiciais.

Também gozam dessa hipoteca os filhos, sobre os imóveis do pai ou da mãe que tiver ficado viúvo, antes de fazer o inventário do cônjuge falecido. Visa essa hipoteca legal a proteger o interesse dos filhos, sejam menores, sejam maiores. Conforme prevê o art.1.523, não devem casar o viúvo ou a viúva, que tiver filhos do cônjuge falecido, enquanto não fizer o inventário dos bens do casal e der partilha aos herdeiros.

Aplica-se a hipoteca legal ao co-herdeiro para garantia do seu quinhão ou torna da partilha, sobre o imóvel adjudicado ao herdeiro reponente. Considera-se "torna da partilha" o excesso que alguém tenha recebido de bens e que, por isso, deverá devolver; acontece muito na partilha de bens, em que esses bens sejam adjudicados a um herdeiro, para acerto posterior.

Finalmente, a lei confere a hipoteca ao credor sobre o imóvel arrematado, para garantia do pagamento do restante do preço da arrematação. Poderá ocorrer essa arrematação em leilões judiciais. Visa a prevenir fraudes sobre imóveis vendidos em leilão, como ocorre comumente. Por exemplo, é vendido em leilão público um imóvel pertencente a Servílio. Saturnino compra esse imóvel, ou mais precisamente o arremata, pagando 20% do valor. Logo em seguida vende esse imóvel e não paga o restante da arrematação. Servílio, entretanto, ficará garantido com a hipoteca sobre o imóvel que houvera sido arrematado. Essa disposição foi introduzida pelo Código Civil, tendo em vista inúmeras fraudes verificadas nos últimos anos.

18.3. Do terceiro adquirente

É nula a cláusula que proíbe ao proprietário alienar imóvel hipotecado. Pode convencionar-se que vencerá o crédito hipotecário, se o imóvel for alienado (art.1.475). Seria restringir o direito de propriedade se fosse vedado ao proprietário de um imóvel vendê-lo. Atentaria contra princípio básico do direito romano, de que a propriedade é "jus tutendi, fruendi at abutendi" = direito de usar, gozar e dispor de uma coisa. Todavia, será possível que a dívida se vencerá, caso a garantia seja alienada e, portanto, deva ser paga. Visa a proteger terceiro adquirente de boa-fé que comprar imóvel hipotecado, arriscando-se a perdê-lo. Aliás, o código teve preocupação para com os eventuais adquirentes de imóveis.

O adquirente do imóvel hipotecado, desde que não se tenha obrigado pessoalmente a pagar as dívidas aos credores hipotecários, poderá exonerar-se da hipoteca abandonando-lhes o imóvel (art. 1.479). É a solução para o problema herdado por quem adquirir um imóvel e constatar que ele foi dado em garantia de uma dívida; poderá ele ser processado juntamente com o devedor. Para livrar-se do problema, ele se livra da hipoteca, entregando o imóvel aos credores e pode acionar o devedor.

O adquirente notificará o vendedor e os credores hipotecários, deferindo-lhes conjuntamente a posse do imóvel ou o depositará em juízo. Poderá o adquirente exercer a faculdade de abandonar o imóvel hipotecado, até as 24 horas subseqüentes à citação, com que se inicia o procedimento executivo (art. 1.480). Livrar-se de responsabilidades devidamente estabelecidas em instrumento público é tarefa que necessariamente demanda o concurso do judiciário. O ideal será a ação de depósito.

Dentro em trinta dias, contados do registro do título aquisitivo, tem o adquirente do imóvel hipotecado o direito de remi-lo, citando os credores hipotecários e propondo importância não inferior ao preço por que o adquiriu. Se o credor impugna o preço da aquisição ou a importância oferecida, realizar-se-á licitação, efetuando-se a venda judicial a quem oferecer maior preço, assegurada preferência ao adquirente do imóvel.

Não impugnado pelo credor, o preço da aquisição ou o preço proposto pelo adquirente, haver-se-á por definitivamente fixado para a remissão do imóvel, que ficará livre de hipoteca, uma vez pago ou depositado o preço.

Vamos examinar melhor essa situação e situá-la numa hipotética ocorrência. Estamos examinando, a esta altura, uma só hipoteca sobre um imóvel. Examinaremos no item 18.8 o caso mais complicado de "direito de remissão", quando houver duas hipotecas sobre o mesmo imóvel:

A – Ulpiano deve a Modestino R$10.000,00 e deu a este, em hipoteca, um imóvel de R$100.000,00; note-se que valerá a pena Modestino lutar por esse imóvel depois.

B - Em seguida, Ulpiano vende esse imóvel a Gaio, pelo valor de R$50.000,00.

C - Gaio quer livrar-se da hipoteca sobre seu imóvel, mas terá que pagar a dívida de Ulpiano.
D - No prazo inferior a 30 dias, Gaio propõe a Modestino o pagamento da dívida de Ulpiano para com ele. Se Modestino não concordar, o imóvel é levado a leilão, mas Gaio tem a preferência na arrematação desse imóvel.
E - Se Gaio não pagar a dívida não conseguirá remir o imóvel e poderá perdê-lo na execução da dívida, promovida por Modestino.

Todavia, Gaio não perderá o imóvel e nem ficará a descoberto. Como comprador do imóvel, Gaio terá direito de ação regressiva contra Ulpiano, o vendedor, por ter sido privado do imóvel em conseqüência de licitação ou penhora. Terá direito a essa ação quem tiver pago a hipoteca, ou tiver, por causa da adjudicação ou licitação, desembolsar com o pagamento da hipoteca importância excedente à da compra e o que suportar custas e despesas judiciais.

Para o Ulpiano, o devedor hipotecário executado e vendedor do imóvel hipotecado, sobrará ainda a esperança de conservar seu imóvel, reservando-lhe o art. 1.482 essa possibilidade. Realizada a praça, o executado Ulpiano poderá remir o imóvel hipotecado, oferecendo preço igual ao da avaliação, se não tiver havido licitantes, ou ao de maior lance oferecido. Igual direito caberá ao cônjuge, aos descendentes ou ascendentes do executado (art. 1.482). Faculta a lei, destarte, a participação do devedor-executado no leilão do seu imóvel, ficando como se ele comprasse o próprio imóvel. Ficaria assim paga a dívida e o executado pagará ainda as custas e demais verbas judiciais. Ninguém terá tido prejuízo.

18.4. Da hipoteca voluntária

A hipoteca voluntária ou convencional resulta de um acordo de vontades entre o credor hipotecário e o devedor hipotecante. É a normal e a mais comum; as outras são exceções. Constitui-se por um contrato, de caráter solene, formal. Será feito por escritura pública e deverá contar com a outorga uxória ou marital, conforme o caso. É um contrato com prestação a cargo de uma só parte, pois só o devedor hipotecante fica obrigado.

18.5. Requisitos e características

A hipoteca é um instituto do Direito Civil, pois sua natureza é civil, ainda que resulte de uma operação entre empresas. Aliás, o direito brasileiro consagra o caráter civil das transações com imóveis. Excetua-se a construção de imóveis, que se aproxima da atividade industrial. Podem ser objeto de hipoteca: os imóveis; os acessórios dos imóveis conjuntamente com eles; o domínio direto; o domínio útil; as estradas de ferro; as minas e pedreiras, independentemente do solo onde se acham; os navios, as aeronaves. A hipoteca abrange todas as acessões, melhoramentos ou construções do imóvel.

É interessante notar que navios são equiparados a imóveis. Várias leis regulam a hipoteca de navios, algumas bem antigas: o Decreto 15.788/22, que regula a execução dos contratos de hipoteca de navios; o Decreto 15.809/22, sobre o mesmo assunto, e várias outras, inclusive convenções internacionais. São suscetíveis de contrato de hipoteca os navios, posto que ainda em construção. As hipotecas de navios reger-se-ão pelo disposto no Código Civil e nos regulamentos especiais que sobre o assunto se expedirem (art. 825). O Código Brasileiro de Aeronáutica (Lei 7.565/86) inclui as aeronaves entre os bens hipotecáveis, regulamentando essa hipoteca nos arts. 138 e seguintes.

Nosso direito permite a pluralidade de hipotecas sobre o mesmo imóvel, considerando-se que um imóvel normalmente tem valor muito elevado, podendo garantir várias dívidas. O dono do imóvel hipotecado pode constituir sobre ele, mediante novo título, outra hipoteca em favor do mesmo ou de outro credor (art. 1.476). O credor hipotecário goza de preferência. Salvo o caso de insolvência do devedor, o credor da segunda hipoteca, embora vencida, não poderá executar o imóvel antes de vencida a primeira. Não se considera insolvente o devedor por faltar ao pagamento das obrigações garantidas por hipotecas posteriores à primeira (art. 1.477). Assim sendo, o credor da segunda hipoteca é residual, ou seja, ficará com o que sobrar do pagamento da primeira hipoteca. Constará inclusive da escritura que o imóvel já estava hipotecado. Ressalva a lei, entretanto, uma exceção: a de se encontrar o devedor em insolvência, aqui compreendida também a falência.

Podem o credor e o devedor no ato constitutivo da hipoteca, autorizar a emissão da correspondente cédula hipotecária, na forma e para os fins previstos em lei especial (art. 1.486). A cédula hipotecária é um título de crédito emitido em razão de alguma hipoteca e destinado a financiar imóveis. Há vários tipos de cédulas de crédito, regulamentados em leis especiais e a cédula hipotecária não tem ainda regulamentação própria, mas poderá, por analogia, ser formalizada nos termos das demais, como a cédula de crédito industrial, a cédula de crédito comercial, a cédula de crédito à exportação, a cédula de crédito bancário. A Medida Provisória 2.223, de 4.9.2001 criou a "cédula de crédito imobiliário", com a mesma finalidade: para o financiamento de imóveis. Para estudo mais aprofundado desta questão, pode ser consultada a obra específica "Títulos de Crédito", deste mesmo autor, publicada pela Ícone Editora.

A hipoteca pode ser constituída para garantia de dívida futura ou condicionada, desde que determinado o valor máximo do crédito a ser garantido (art. 1.487). Essa inovação permite hipoteca para garantir dívida ainda inexistente. Não há falar em acessório sem principal, pois o principal é a expectativa de dívida, tanto que traz até o valor máximo dessa dívida. Nesses casos, a execução da hipoteca dependerá de prévia e expressa concordância do devedor quanto à verificação da condição ou do montante da dívida. Havendo divergência entre o credor e o devedor, caberá ao credor fazer prova de seu crédito; reconhecido este o devedor responderá, inclusive por perdas e danos, em razão de superveniente desvalorização do imóvel.

O vencimento da dívida implica o vencimento da hipoteca, já que o acessório segue o principal. É possível que haja acordo entre credor e devedor para a prorrogação da dívida e, neste caso, não haverá nova hipoteca pois não há nova dívida. Mediante simples averbação, requerida por ambas as partes, poderá prorrogar-se a hipoteca, até perfazer vinte anos, da data do contrato. Desde que perfaça esse prazo, só poderá subsistir o contrato de hipoteca, reconstituindo-se por novo título e novo registro, e nesse caso, lhe será mantida a precedência, que então lhe competir (art. 1.485).

Se o imóvel, dado em garantia hipotecária, vier a ser loteado, ou se nele se constituir condomínio edilício, poderá o ônus ser dividido, gravando cada lote ou unidade autônoma, se o requererem ao juiz o credor, o devedor ou os donos, obedecida a proporção entre o valor de cada um deles e o crédito (art. 1.488).

O credor só poderá se opor ao fracionamento do ônus, provando que ele importa em diminuição de sua garantia. Por outro lado, o devedor continua em débito se esse desmembramento ocasionar desvalorização da garantia. Salvo convenção em contrário, todas as despesas judiciais e extrajudiciais correm por conta de quem o requerer.

18.6. Da execução da hipoteca

O inadimplemento da dívida garantida por hipoteca poderá forçar a execução dela e, em conseqüência, da hipoteca, vendendo-se o bem hipotecado para saldá-la. A execução do imóvel hipotecado far-se-á por ação executiva. Não será válida a venda judicial de imóveis gravados por hipotecas, devidamente inscritas, sem que tenham sido notificados judicialmente os respectivos credores hipotecários que não forem de qualquer modo partes na execução. A ação executiva está regulamentada pelo Código de Processo Civil nos arts. 646 e seguintes com o nome de AÇÃO DE EXECUÇÃO POR QUANTIA CERTA CONTRA DEVEDOR SOLVENTE. A intimação dos demais credores hipotecários torna-se necessária para que os credores anteriores exerçam o direito de preferência, e os posteriores executem o saldo que sobrar do valor da arrematação.

18.7. Hipoteca de devedor insolvente

No caso de falência do devedor hipotecário, o direito de remissão devolve-se à massa, em prejuízo da qual não poderá o credor impedir o pagamento do preço por que foi avaliado o imóvel. O restante da dívida hipotecária entrará em concurso com as quirografárias. No caso de insolvência, cabe aquele direito aos credores em concurso (art. 1.483). Tratamos agora do devedor insolvente. Se for uma empresa, é declarada falida pela Lei Falimentar. Se for um devedor civil, é declarado insolvente pelas normas traçadas no Código de Processo Civil. Nos casos de insolvência, quer civil, quer mercantil, os bens do devedor são agrupados para formar uma *universitas juris*, a massa de bens em garantia dos credores. O devedor passa a ser então essa massa, que poderá liquidar a dívida pelo preço de avaliação do imóvel. Se o valor da dívida for superior ao do imóvel, o credor hipotecário poderá habilitar-se para participar da massa, mas como credor quirografário.

Pode o credor hipotecário, no caso de insolvência ou falência do devedor, para pagamento de sua dívida, requerer a adjudicação do imóvel, avaliado em quantia inferior a esta, desde que dê quitação pela sua totalidade. É caso um tanto raro de acontecer, pois um credor dificilmente aceitará, como garantia de uma dívida, um imóvel de preço inferior a essa dívida. Acontecendo porém este caso, não há necessidade de se realizar leilão do imóvel hipotecado, pois o valor apurado na arrematação será entregue totalmente ao credor hipotecário exeqüente. Poderá ele então requerer a adjudicação do imóvel, ou seja, a propriedade do imóvel transfere-se para o credor hipotecário exeqüente.

São nulas, em benefício da massa, as hipotecas celebradas em garantia de débitos anteriores, nos 40 dias precedentes à declaração da quebra ou à instauração do concurso de preferência. Nos processos de insolvência há o período final da vida econômica do devedor, chamado de "período suspeito". Esse período, que antecede à declaração de falência ou insolvência do devedor, é passível de apresentar muitos atos irregulares de disposição patrimonial. Por isso, a lei procura proteger o patrimônio do devedor, por ser ele garantia dos credores. Por exemplo, uma devedora, ao sentir que sua falência será decretada, hipoteca seus imóveis em favor de um credor, desamparando os demais. Essa hipoteca será nula, se for feita no período de quarenta dias antes da falência.

18.8. Direito de remissão

O código abre uma brecha para o credor da segunda hipoteca. Poderá ele remir a hipoteca, livrando o imóvel do gravame anterior. Para a remissão, nesse caso, consignará o segundo credor a importância do débito e das despesas judiciais, caso se esteja promovendo a execução, intimando o credor anterior para levantá-la e o devedor para remi-la, se quiser. O segundo credor, que remir a hipoteca anterior, ficará *ipso facto* sub-rogado nos direitos desta, sem prejuízo dos que lhe competirem contra o devedor comum. Vemos assim que a lei confere o direito de remissão ao devedor e ao segundo credor, chamando-se também este último de sub-hipotecário.

Esse direito se estende a uma terceira pessoa: o adquirente do imóvel. Colocado o imóvel, objeto da hipoteca, em leilão, é arrematado por um terceiro, o adquirente dele. Ao arrematar o imóvel, o adquirente o recebe gravado com outra hipoteca; liquida ele a outra dívida, remindo a hipoteca, recebendo assim o imóvel livre e desembaraçado. Se o adquirente quiser forrar-se aos efeitos da execução da hipoteca, notificará judicialmente, dentro de 30 dias, o seu contrato aos credores hipotecários, propondo para a remissão, no mínimo, o preço por que adquiriu o imóvel. A notificação executar-se-á no domicílio inscrito ou por editais, se ali não estiver o credor. O credor notificado pode, no prazo assinado para a oposição, requerer que o imóvel seja licitado.

Tudo isso pode parecer muito complicado, mas ficará mais claro se examinarmos uma ocorrência:

a – Ulpiano deve Cr$ 10.000,00 a Modestino e deu a este, em hipoteca, um imóvel;

b – posteriormente Ulpiano contraiu dívida de Cr$ 15.000,00 com Papiniano, tendo dado em hipoteca o mesmo imóvel; agora há pois duas hipotecas sobre aquele imóvel;

c – ao chegar o vencimento das dívidas, Ulpiano não paga ambas;

d – Papiniano não pode executar a dívida vencida, porquanto Modestino tem prioridade, por ser sua hipoteca anterior;

e – Papiniano paga então a dívida que Ulpiano tinha para com Modestino, remindo a hipoteca;

f – em seguida, executa seu crédito, fazendo levar o imóvel a leilão, que é arrematado por Paulo, ao preço de Cr$ 900.000,00;

g – Papiniano recebe do valor da arrematação, o correspondente ao seu crédito, ficando solucionada a dívida de Ulpiano para com ele e remida a primeira hipoteca.

Encontrou-se pois a *solutio* da dívida. Entretanto, entrou nessa relação jurídica uma quarta pessoa: Paulo, adquirente do imóvel em leilão. Ele ficou com o imóvel arrematado, mas ainda gravado com a hipoteca de Ulpiano para Modestino. Paulo paga a dívida, liberando totalmente o imóvel de ônus e gravames, passando a ter sobre ele pleno domínio. Por que Paulo iria pagar a dívida de Ulpiano para Modestino, se ele nada tem com isso? É porque o imóvel que ele adquiriu em leilão continua gravado com a primeira hipoteca, devido ao direito de seqüela, e, por isso, Paulo poderá ter seu imóvel executado. Por que Paulo iria pagar a Papiniano o valor dessa dívida, quando ela era de Ulpiano para com Modestino? É porque Papiniano houvera pago essa dívida sub-rogando-se nos direitos hipotecários, ou seja, passou a ser o novo credor no lugar de Modestino.

18.9. Da extinção da hipoteca

A hipoteca constitui-se por escritura pública registrada e, no momento em que for extinta, deverá ser também cancelada no registro de imóveis. A extinção da hipoteca só começa a ter efeito contra terceiros depois de averbada no respectivo registro.

A inscrição será cancelada, em qualquer dos casos de extinção da hipoteca, à vista da respectiva prova ou, independente desta, a requerimento de ambas as partes, se forem capazes, e conhecidas do oficial do registro. O motivo desse registro pode ser por outras causas, como por exemplo, por sentença judicial anulatória, com trânsito em julgado. É possível que a hipoteca tenha sido um ardil perpetrado como fraude a outros credores hipotecários; estes então empreenderam ação anulatória, que, sendo declarada procedente, extingue a hipoteca.

Não extinguirá a hipoteca, devidamente registrada, a arrematação ou adjudicação, sem que tenham sido notificados judicialmente os respectivos credores, que não forem de qualquer modo partes na execução (art. 1.501). A hipoteca é a garantia dos credores, os principais beneficiários dela. Se um dos credores exercer a execução contra o devedor e conseguir apoderar-se do imóvel hipotecado, os demais credores hipotecários deverão ser notificados, para que possam, se quiserem, recorrer contra a arrematação ou adjudicação do imóvel que lhe foi dado em garantia.

A extinção da hipoteca, conforme prevê o art. 1.499, pode dar-se de seis maneiras:

1 – Pela extinção da obrigação principal

De acordo com o que já foi explicado, a hipoteca é um contrato acessório e, pelo princípio tradicional, o acessório segue o principal. A "solutio" da dívida hipotecária implica fatalmente na "solutio" da hipoteca. Por que garantir uma dívida já paga?

2 – Pelo perecimento da coisa

Perece a hipoteca perecendo seu objeto. Não há o que hipotecar. Por exemplo, um navio hipotecado afunda. A coisa hipotecada não tem valor algum e não poderá garantir a dívida. Um imóvel hipotecado é difícil de ser destruído mas pode ele ser encoberto por um rio, ou poderá sofrer congelamento judicial ou ser desapropriado. Uma casa pode ser destruída por incêndio e perde o imóvel seu valor; o terreno permanece mas seu valor tornou-se fraco. Conforme o art. 1.474, a hipoteca abrange todas as acessões, melhoramentos ou construções.

3 – Pela resolução da propriedade

O imóvel hipotecado era propriedade resolúvel e implementou-se a condição, conforme preconiza o art. 1.359.

4 – Pela renúncia do credor

A hipoteca pode ser apreciada sob diversos prismas. Sob alguns aspectos, é um direito do credor, uma garantia de seu crédito. Sendo direito disponível, o credor hipotecário pode renunciar a ele, ou até mesmo perdoar a dívida. Transforma-se ele em credor quirografário. Não pode aplicar-se na hipoteca legal. A renúncia pode ser estabelecida por declaração unilateral de vontade ou por acordo entre as partes.

5 – Pela remissão

É a remissão da hipoteca pelas várias pessoas indicadas pela lei: pelo credor da segunda hipoteca (art. 1.478-parágrafo único), pelo herdeiro (art. 1.429), pela massa falida (art. 1.483).

A respeito do termo "remissão", será conveniente esclarecer sua grafia. Na maioria das vezes o código usa a grafia "remissão", que nos parece inadequada. O verbo "remir" tem vários significados e achamos que no sentido de pagamento deveria ser "remição". Respeitamos porém o uso que dele faz nosso código, adotando "remissão".

6 – Pela arrematação ou adjudicação

Sendo levado a leilão o imóvel é arrematado e com o produto, será paga a dívida, resolvendo-se a garantia, que é direito acessório.

18.10. Da hipoteca de vias férreas

Os arts. 1.502 a 1.505 tratam da hipoteca especial de vias férreas. Quando da promulgação do Código Civil, essa questão era bem relevante, porquanto a exploração do transporte ferroviário era atividade empresarial de larga aplicação. Era explorado por empresas nacionais e estrangeiras. Muita coisa se modificou nessa atividade; o transporte ferroviário foi cedendo ao transporte rodoviário, de tal forma que as empresas ferroviárias foram minguando, enquanto iam proliferando as rodoviárias. As empresas ferroviárias sobreviventes acabaram se concentrando nas mãos do Estado, que hoje praticamente mantém o monopólio desse tipo de transporte.

Trata-se de hipoteca especial, por haver uma regulamentação especialmente estabelecida para ela; os critérios são próprios, especiais, diferenciando-se dos adotados nas hipotecas normais. As hipotecas sobre as estradas de ferro serão inscritas no município da estação inicial da respectiva linha (art. 1.502). O local da inscrição da hipoteca de vias férreas difere dos locais dos outros tipos. A via férrea acha-se normalmente distribuída em vários municípios, por compreender os vários terrenos em que se assenta o leito da via e outros bens, como as estações, armazéns e também o material rodante, como locomotivas e vagões. É todo um conjunto de bens, formando uma *universitas juris*. O local de registro é renovado no art. 171 da Lei dos Registros Públicos.

Os credores hipotecários não podem embaraçar a exploração da linha, nem contrariar as modificações, que a administração deliberar, no leito da estrada, em suas dependências ou no seu material (art. 1.503). Sendo especial, a hipoteca de vias férreas precisa ser olhada sob critérios próprios, entre os quais situa-se a menor ingerência do credor hipotecário no objeto da hipoteca. A via férrea, além de ser uma *universitas juris* é um bem dinâmico e não estático; é rentável conforme a sua utilização. Se o credor dificultar as operações do bem hipotecado, poderá desvalorizá-lo, diminuir seu rendimento e causar dificuldades ao devedor hipotecante.

Os serviços de transportes ferroviários são típicos dos serviços públicos. O governo tem interesse nessa questão, motivo pelo qual impõe a lei sua intimação para participar do leilão. Normalmente a estrada de ferro, se for da iniciativa privada, é uma concessionária de serviço público. Na execução de hipoteca de via férrea não se passará carta ao maior licitante, nem ao credor adjudicatário, antes de se intimar o representante da União ou do Estado, a que tocar a preferência, para, dentro de quinze dias, utilizá-la, se quiser, pagando o preço da arrematação ou da adjudicação fixada (art. 1.505). O Estado tem, pois, o privilégio de arrematar a via férrea que for levada a leilão, transformando-a em bem público. O art. 699 do Código de Processo Civil aumentou o prazo para o Estado fazer uso da preferência para trinta dias, pois antes era de quinze dias no Código Civil.

18.11. Do registro da hipoteca

Por todo o explanado até agora, nota-se que o instituto da hipoteca fundamenta-se em dois princípios fundamentais: o da especialização e o da publicidade. Este último princípio consiste em dar conhecimento aos interessados, graças à inscrição da hipoteca no órgão competente de registro, ou, mais precisamente, no Registro Imobiliário, também referido como Circunscrição Imobiliária. Para inscrição das hipotecas haverá em cada cartório do Registro de Imóveis os livros necessários. Nas grandes cidades, como São Paulo e Rio de Janeiro, há várias circunscrições, mas nas cidades de menor porte há quase sempre o Cartório de Registro de Imóveis, onde deverão ser registradas as hipotecas. Todas as hipotecas serão inscritas no registro do lugar do imóvel, ou no de cada um deles, se o título se referir a mais de um (art. 1.492).

A inscrição da hipoteca no Registro de Imóveis não é apenas necessária em razão da publicidade; também gera direitos. As hipotecas somente valem contra terceiros desde a data da inscrição. Enquanto não inscritas, as hipotecas só subsistem entre os contraentes. A inscrição da hipoteca completa a constituição do direito real; antes dela os efeitos da hipoteca ficam circunscritos entre as partes. Se houver várias hipotecas, seguirão elas a ordem de registro e não a data do título constitutivo. As inscrições e averbações nos livros de hipotecas seguirão a ordem em que forem requeridas, verificando-se ela pela da sua enumeração sucessiva no protocolo. O número de ordem determina a prioridade, e esta, a preferência entre as hipotecas (art. 1.493). A inscrição estabelece, portanto, a prioridade dos credores hipotecários, cabendo ao primeiro a inscrevê-la o direito de executá-la antes dos demais.

Se houver dúvidas a respeito da validade da hipoteca, o Cartório de Registro de Imóveis fará a inscrição sob ressalva nos termos dos arts. 198 a 207 da Lei dos Registros Públicos (Lei 6.015/73). Quando o oficial tiver dúvida sobre a legalidade da inscrição requerida, declará-la-á por escrito ao requerente, depois de mencionar, em forma de prenotação, o pedido no respectivo livro (art. 834). A prenotação, palavra oriunda de *praenotare* (marcar antes, anotar com antecedência), está prevista pormenorizadamente na Lei dos Registros Públicos, nos arts. 198 a 207. Pela prenotação fica garantida a prioridade a quem tiver feito antes o registro da hipoteca. O apresentante do título da hipoteca, não se conformando com a indicação da dúvida feita pelo oficial, requererá o julgamento judicial da dúvida junto ao juízo competente. Em São Paulo, o poder competente para apreciar questões dessa natureza é a Vara dos Registros Públicos. Se a dúvida, dentro de noventa dias, for julgada improcedente, a inscrição far-se-á com o mesmo número que teria na data da prenotação. No caso contrário, desprezada esta, receberá a inscrição o número correspondente à data em que se tornar a requerer (art. 1.496).

O cartório deverá tomar cuidado quanto à sobreposição de datas de inscrição da hipoteca. Não se inscreverão no mesmo dia duas hipotecas, ou uma hipoteca e outro direito real, sobre o mesmo imóvel, em favor de pessoas diferentes, salvo determinando-se precisamente a hora em que se lavrou cada uma das escrituras (art. 1.494). Nesse caso, caberá ao cartório declarar em cada escritura horas diferentes de inscrição, para caracterizar bem a prioridade.

18.12. Da especialização

Resta-nos falar também de outro princípio básico da hipoteca, que é o da especialização. Em atenção a esse princípio, o ato constitutivo da hipoteca deverá indicar o valor da dívida em importância líquida e certa, e a coisa dada em garantia deve ficar bem definida e especificada, isto é, deve ser um bem individuado. Não é possível haver hipoteca de uma *universitas juris*, como a herança ou a massa falida; poderá, sim, haver hipoteca de todos os bens de uma herança ou de massa falida, mas a cada bem, individualmente, corresponderá uma hipoteca. Tratando-se de hipoteca legal, a especialização será feita judicialmente em rito previsto num capítulo do Código de Processo Civil denominado "Da Especialização da Hipoteca Legal", constando dos arts. 1.205 a 1.210.

Vale o registro da hipoteca, enquanto a obrigação perdurar, mas a especialização, em completando vinte anos deve ser renovada (1.498).

Novo Código Civil

CAPÍTULO III

Da Hipoteca

Seção I

Disposições Gerais

Art. 1.473. Podem ser objeto de hipoteca:
I – os imóveis e os acessórios dos imóveis conjuntamente com eles;
II – o domínio direto;
III – o domínio útil;
IV – as estradas de ferro;
V – os recursos naturais a que se refere o art. 1.230, independentemente do solo onde se acham;
VI – os navios;
VII – as aeronaves.
Parágrafo único. A hipoteca dos navios e das aeronaves reger-se-á pelo disposto em lei especial.
Art. 1.474. A hipoteca abrange todas as acessões, melhoramentos ou construções do imóvel. Subsistem os ônus reais constituídos e registrados, anteriormente à hipoteca, sobre o mesmo imóvel.
Art. 1.475. É nula a cláusula que proíbe ao proprietário alienar imóvel hipotecado.
Parágrafo único. Pode convencionar-se que vencerá o crédito hipotecário, se o imóvel for alienado.
Art. 1.476. O dono do imóvel hipotecado pode constituir outra hipoteca sobre ele, mediante novo título, em favor do mesmo ou de outro credor.
Art. 1.477. Salvo o caso de insolvência do devedor, o credor da segunda hipoteca, embora vencida, não poderá executar o imóvel antes de vencida a primeira.

Parágrafo único. Não se considera insolvente o devedor por faltar ao pagamento das obrigações garantidas por hipotecas posteriores à primeira.

Art. 1.478. Se o devedor da obrigação garantida pela primeira hipoteca não se oferecer, no vencimento, para pagá-la, o credor da segunda pode promover-lhe a extinção, consignando a importância e citando o primeiro credor para recebê-la e o devedor para pagá-la; se este não pagar, o segundo credor, efetuando o pagamento, se sub-rogará nos direitos da hipoteca anterior, sem prejuízo dos que lhe competirem contra o devedor comum.

Parágrafo único. Se o primeiro credor estiver promovendo a execução da hipoteca, o credor da segunda depositará a importância do débito e as despesas judiciais.

Art. 1.479. O adquirente do imóvel hipotecado, desde que não se tenha obrigado pessoalmente a pagar as dívidas aos credores hipotecários, poderá exonerar-se da hipoteca, abandonando-lhes o imóvel.

Art. 1.480. O adquirente notificará o vendedor e os credores hipotecários, deferindo-lhes, conjuntamente, a posse do imóvel, ou o depositará em juízo.

Parágrafo único. Poderá o adquirente exercer a faculdade de abandonar o imóvel hipotecado, até as vinte e quatro horas subseqüentes à citação, com que se inicia o procedimento executivo.

Art. 1.481. Dentro em trinta dias, contados do registro do título aquisitivo, tem o adquirente do imóvel hipotecado o direito de remi-lo, citando os credores hipotecários e propondo importância não inferior ao preço por que o adquiriu.

§ 1º. Se o credor impugnar o preço da aquisição ou a importância oferecida, realizar-se-á licitação, efetuando-se a venda judicial a quem oferecer maior preço, assegurada preferência ao adquirente do imóvel.

§ 2º. Não impugnado pelo credor, o preço da aquisição ou o preço proposto pelo adquirente, haver-se-á por definitivamente fixado para a remissão do imóvel, que ficará livre de hipoteca, uma vez pago ou depositado o preço.

§ 3º. Se o adquirente deixar de remir o imóvel, sujeitando-o a execução, ficará obrigado a ressarcir os credores hipotecários da desvalorização que, por sua culpa, o mesmo vier a sofrer, além das despesas judiciais da execução.

§ 4º. Disporá de ação regressiva contra o vendedor o adquirente que ficar privado do imóvel em conseqüência de licitação ou penhora, o que pagar a hipoteca, o que, por causa de adjudicação ou licitação, desembolsar com o pagamento da hipoteca importância excedente à da compra e o que suportar custas e despesas judiciais.

Art. 1.482. Realizada a praça, o executado poderá, até a assinatura do auto de arrematação ou até que seja publicada a sentença de adjudicação, remir o imóvel hipotecado, oferecendo preço igual ao da avaliação, se não tiver havido licitantes, ou ao do maior lance oferecido. Igual direito caberá ao cônjuge, aos descendentes ou ascendentes do executado.

Art. 1.483. No caso de falência, ou insolvência, do devedor hipotecário, o direito de remição defere-se à massa, ou aos credores em concurso, não podendo o credor recusar o preço da avaliação do imóvel.

Parágrafo único. Pode o credor hipotecário, para pagamento de seu crédito, requerer a adjudicação do imóvel avaliado em quantia inferior àquele, desde que dê quitação pela sua totalidade.

Art. 1.484. É lícito aos interessados fazer constar das escrituras o valor entre si ajustado dos imóveis hipotecados, o qual, devidamente atualizado, será a base para as arrematações, adjudicações e remições, dispensada a avaliação.

Art. 1.485. Mediante simples averbação, requerida por ambas as partes, poderá prorrogar-se a hipoteca, até perfazer vinte anos, da data do contrato. Desde que perfaça esse prazo, só poderá subsistir o contrato de hipoteca, reconstituindo-se por novo título e novo registro; e, nesse caso, lhe será mantida a precedência, que então lhe competir.

Art. 1.486. Podem o credor e o devedor, no ato constitutivo da hipoteca, autorizar a emissão da correspondente cédula hipotecária, na forma e para os fins previstos em lei especial.

Art. 1.487. A hipoteca pode ser constituída para garantia de dívida futura ou condicionada, desde que determinado o valor máximo do crédito a ser garantido.

§ 1º. Nos casos deste artigo, a execução da hipoteca dependerá de prévia e expressa concordância do devedor quanto à verificação da condição, ou ao montante da dívida.

§ 2º. Havendo divergência entre o credor e o devedor, caberá àquele fazer prova de seu crédito. Reconhecido este, o devedor responderá, inclusive, por perdas e danos, em razão da superveniente desvalorização do imóvel.

Art. 1.488. Se o imóvel, dado em garantia hipotecária, vier a ser loteado, ou se nele se constituir condomínio edilício, poderá o ônus ser dividido, gravando cada lote ou unidade autônoma, se o requererem ao juiz o credor, o devedor ou os donos, obedecida a proporção entre o valor de cada um deles e o crédito.

§ 1º. O credor só poderá se opor ao pedido de desmembramento do ônus, provando que o mesmo importa em diminuição de sua garantia.

§ 2º. Salvo convenção em contrário, todas as despesas judiciais ou extrajudiciais necessárias ao desmembramento do ônus correm por conta de quem o requerer.

§ 3º. O desmembramento do ônus não exonera o devedor originário da responsabilidade a que se refere o art. 1.430, salvo anuência do credor.

Seção II

Da Hipoteca Legal

Art. 1.489. A lei confere hipoteca:

I – às pessoas de direito público interno (art. 41) sobre os imóveis pertencentes aos encarregados da cobrança, guarda ou administração dos respectivos fundos e rendas;

II – aos filhos, sobre os imóveis do pai ou da mãe que passar a outras núpcias, antes de fazer o inventário do casal anterior;

III – ao ofendido, ou aos seus herdeiros, sobre os imóveis do delinquente, para satisfação do dano causado pelo delito e pagamento das despesas judiciais;

IV – ao co-herdeiro, para garantia do seu quinhão ou torna da partilha, sobre o imóvel adjudicado ao herdeiro reponente;

V – ao credor sobre o imóvel arrematado, para garantia do pagamento do restante do preço da arrematação.

Art. 1.490. O credor da hipoteca legal, ou quem o represente, poderá, provando a insuficiência dos imóveis especializados, exigir do devedor que seja reforçado com outros.

Art. 1.491. A hipoteca legal pode ser substituída por caução de títulos da dívida pública federal ou estadual, recebidos pelo valor de sua cotação mínima no ano corrente; ou por outra garantia, a critério do juiz, a requerimento do devedor.

Seção III

Do Registro da Hipoteca

Art. 1.492. As hipotecas serão registradas no cartório do lugar do imóvel, ou no de cada um deles, se o título se referir a mais de um.

Parágrafo único. Compete aos interessados, exibido o título, requerer o registro da hipoteca.

Art. 1.493. Os registros e averbações seguirão a ordem em que forem requeridas, verificando-se ela pela da sua numeração sucessiva no protocolo.

Parágrafo único. O número de ordem determina a prioridade, e esta a preferência entre as hipotecas.

Art. 1.494. Não se registrarão no mesmo dia duas hipotecas, ou uma hipoteca e outro direito real, sobre o mesmo imóvel, em favor de pessoas diversas, salvo se as escrituras, do mesmo dia, indicarem a hora em que foram lavradas.

Art. 1.495. Quando se apresentar ao oficial do registro título de hipoteca que mencione a constituição de anterior, não registrada, sobrestará ele na inscrição da nova, depois de a prenotar, até trinta dias, aguardando que o interessado inscreva a precedente; esgotado o prazo, sem que se requeira a inscrição desta, a hipoteca ulterior será registrada e obterá preferência.

Art. 1.496. Se tiver dúvida sobre a legalidade do registro requerido, o oficial fará, ainda assim, a prenotação do pedido. Se a dúvida, dentro em noventa dias, for julgada improcedente, o registro efetuar-se-á com o mesmo número que teria na data da prenotação; no caso contrário, cancelada esta, receberá o registro o número correspondente à data em que se tornar a requerer.

Art. 1.497. As hipotecas legais, de qualquer natureza, deverão ser registradas e especializadas.

§ 1º. O registro e a especialização das hipotecas legais incumbem a quem está obrigado a prestar a garantia, mas os interessados podem promover a inscrição delas, ou solicitar ao Ministério Público que o faça.

§ 2º. As pessoas, às quais incumbir o registro e a especialização das hipotecas legais, estão sujeitas a perdas e danos pela omissão.

Art. 1.498. Vale o registro da hipoteca, enquanto a obrigação perdurar; mas a especialização, em completando vinte anos, deve ser renovada.

Seção IV

Da Extinção da Hipoteca

Art. 1.499. A hipoteca extingue-se:
I – pela extinção da obrigação principal;
II – pelo perecimento da coisa;
III – pela resolução da propriedade;
IV – pela renúncia do credor;
V - pela remição;
VI - pela arrematação ou adjudicação.

Art. 1.500. Extingue-se ainda a hipoteca com a averbação, no Registro de Imóveis, do cancelamento do registro, à vista da respectiva prova.

Art. 1.501. Não extinguirá a hipoteca, devidamente registrada, a arrematação ou adjudicação, sem que tenham sido notificados judicialmente os respectivos credores hipotecários, que não forem de qualquer modo partes na execução.

Seção V

Da Hipoteca de Vias Férreas

Art. 1.502. As hipotecas sobre as estradas de ferro serão registradas no Município da estação inicial da respectiva linha.

Art. 1.503. Os credores hipotecários não podem embaraçar a exploração da linha, nem contrariar as modificações, que a administração deliberar, no leito da estrada, em suas dependências, ou no seu material.

Art. 1.504. A hipoteca será circunscrita à linha ou às linhas especificadas na escritura e ao respectivo material de exploração, no estado em que ao tempo da execução estiverem; mas os credores hipotecários poderão opor-se à venda da estrada, à de suas linhas, de seus ramais ou de parte considerável do material de exploração; bem como à fusão com outra empresa, sempre que com isso a garantia do débito enfraquecer.

Art. 1.505. Na execução das hipotecas será intimado o representante da União ou do Estado, para, dentro em quinze dias, remir a estrada de ferro hipotecada, pagando o preço da arrematação ou da adjudicação.

19. DO REGISTRO DE IMÓVEIS

19.1. Conceito
19.2. O que deve ser registrado
19.3. Quem pode promover o registro
19.4. Do Registro Torrens

19.1. Conceito

A principal razão da superação de nosso Código Civil foi a superveniência de profusa legislação, surgida das necessidades econômicas do país, da gradativa ocupação do solo e da importância que atingiram os imóveis no contexto. Como lei básica do Registro de Imóveis em nosso país, teremos de considerar a Lei dos Registros Públicos (Lei 6.015/73). Outras leis integram-se com ela, como a Lei do Parcelamento do Solo Urbano (Lei 6.766/79), o Decreto-lei 9.760/46, que dispõe sobre os bens imóveis da União, a Lei do Condomínio e das Incorporações Imobiliárias (Lei 4.597/64) e várias outras normas.

O que se considera como Registro de Imóveis? Olhando por um lado, é um cartório especializado no registro de imóveis e outros direitos reais; é uma repartição pública ou um ofício público cometido pelo Governo a um particular, para ocupar-se do registro dos atos concernentes à propriedade imobiliária. Olhando sob outro aspecto, é um serviço oferecido pelo Governo ou por uma serventia pública para realizar os registros imobiliários, a fim de garantir direitos aos donos de imóveis, ou outros direitos reais que sobre eles incidem. Esse serviço proporciona a transcrição, em livros pró-prios, dos atos relativos à aquisição, transferência, gravames, cancelamentos de imóveis e outros direitos reais, dando publicidade a esses atos, em favor de terceiros interessados.

O registro compreende várias anotações, como a matrícula, a transcrição, a inscrição e a averbação. Entre o registro propriamente dito e a averbação, há a diferença de que esta se caracteriza por ser uma anotação em registro anterior. Por exemplo: uma pessoa tem seu casamento registrado em livro próprio no Cartório de Registro Civil de Pessoas Naturais; se essa pessoa se divorcia, a sentença de divórcio deverá ser "averbada" no registro de casamento. É então um registro sobre outro. A matrícula é a primeira inscrição do imóvel que, por ela, passa a ter existência legal. A matrícula, que é feita no Livro 2 —Registro Geral, faculta emitir a Certidão de

Registro, que equivale, mais ou menos, à certidão de nascimento, para a pessoa natural.

O Cartório de Registro de Imóveis possui uma determinada circunscrição imobiliária para fazer o registro. São Paulo é dividida em várias circunscrições, mas em cidades de menor porte, o Cartório de Registro de Imóveis tem competência no perímetro do município em que estiver instalado. Serão feitas as inscrições ou transcrições, no registro correspondente ao lugar onde estiver o imóvel .

19.2. O que deve ser registrado

É muito vasto o serviço de registro de imóveis, pois dele não consta apenas o imóvel, mas os direitos acessórios, tanto os "direitos reais sobre coisas alheias" como os "direitos reais de garantia", dos quais fizemos referência. Extensa é a lista dos direitos reais, conhecendo-se 33 registros e quinze averbações, exigidos pelo art. 167 da Lei dos Registro Públicos.

Devem ser registrados: 1 – instituição de bem de família; 2 – hipotecas legais, judiciais e convencionais; 3 – contratos de locação de prédios, nos quais tenha sido consignada cláusula de vigência no caso de alienação da coisa locada; 4 – penhor de máquinas e de aparelhos utilizados na indústria, instalados e em funcionamento, com os respectivos pertences ou sem eles; 5 – penhoras, arrestos e seqüestros de imóveis; 6 – servidões em geral; 7 – usufruto e uso sobre imóveis e habitação, quando não resultarem do direito de família; 8 – rendas constituídas sobre imóveis ou a eles vinculadas por disposição de última vontade; 9 – contratos de compromisso de compra e venda de cessão deste e de promessa de cessão, com ou sem cláusula de arrependimento, que tenham por objeto imóveis não loteados e cujo preço tenha sido pago no ato de sua celebração, ou deva sê-lo a prazo, de uma só vez ou em prestações; 10 – anticrese; 11 – convenções antenupciais; 12 – cédulas de crédito rural; 13 – cédulas de crédito industrial; 14 – contratos de penhor rural; 15 – empréstimos por obrigações ao portador ou debêntures, inclusive as conversíveis em ações; 16 –

incorporações, instituições e convenções de condomínio; 17 – contratos de promessa de venda, cessão ou promessa de cessão de unidades autônomas condominiais a que alude a Lei 4.591/64, quando a incorporação ou a instituição de condomínio se formalizar na vigência da L.R.P.; 18 – loteamentos urbanos e rurais; 19 – contratos de promessa de compra e venda de terrenos loteados em conformidade com o Decreto-lei 58/37, e respectiva cessão e promessa de cessão, quando o loteamento se formalizar na vigência da L.R.P.; 20 – citações de ações reais ou pessoais reipersecutórias, relativas a imóveis; 21 – julgados e atos jurídicos "inter-vivos" que dividirem imóveis ou os demarcarem, inclusive nos casos de incorporação que resultarem em constituição de condomínio e atribuírem uma ou mais unidades aos incorporadores; 22 – sentenças que, nos inventários, arrolamentos e partilhas, adjudicarem bens de raiz em pagamento das dívidas de herança; 23 – os atos de entrega de legados de imóveis, os formais de partilha e as sentenças de adjudicação em inventário ou arrolamento quando não houver partilha; 24 – arrematação e adjudicação em hasta pública; 25 – dote; 26 – sentenças declaratórias de usucapião; 27 – compra e venda pura e condicional; 28 – permuta; 29 – dação em pagamento; 30 – transferência de imóvel a sociedade para integrar o capital; 31 – doação entre vivos; 32 – desapropriação amigável e sentenças que, em processo de desapropriação, fixarem o valor da indenização.

Também é vasta a relação de atos que deverão ser averbados, ou seja, anotados no registro de imóveis. Devem ser averbados; 1 – convenções antenupciais e regime de bens diversos do legal, nos registros referentes a imóveis ou a direitos reais pertencentes a qualquer dos cônjuges, inclusive os adquiridos posteriormente ao casamento; 2 – a extinção dos ônus e direitos reais; 3 – contratos de promessa de compra e venda, cessões e promessas de cessões a que alude o Decreto-lei 58/37; 4 – mudança de denominação e de numeração dos prédios, da edificação, da reconstrução, da demolição, do desmembramento e do loteamento de imóveis; 5 – alteração do nome por casamento ou por separação, ou ainda, de outras circunstâncias que, de qualquer modo, tenham influência no registro ou nas pessoas nele interessadas; 6 – dos atos pertinentes a unidades autônomas condominiais a que alude a Lei 4.591/64; 7 – cédulas hipotecárias; 8 – caução e cessão fiduciária de direitos relativos a imóveis; 9 – sentenças de separação de dote; 10 – restabelecimento da sociedade conjugal; 11 – cláusulas de inalienabilidade, impenhorabilidade e incomunicabilidade impostas a imóveis, bem como da constituição de fideicomisso; 12 – decisões, recursos e seus efeitos, que tenham por objeto atos ou títulos registrados ou averbados; 13 – *ex officio* os nomes dos logradouros, decretados pelo poder público; 14 – sentenças de separação judicial, de divórcio e de nulidade ou anulação de casamento, quando nas respectivas partilhas existirem imóveis ou direitos reais sujeitos a registro; 15 – re-ratificação do contrato de mútuo com pacto adjeto de hipoteca em favor de entidade integrante do Sistema Financeiro da Habitação, ainda que importando elevação da dívida, desde que mantidas as mesmas partes e que exista outra hipoteca registrada em favor de terceiros.

19.3. Quem pode promover o registro

Se o título de transmissão for gratuito, poderá ser promovida a transcrição: I – pelo próprio adquirente; II – por quem de direito o represente; III – pelo próprio transferente com prova de aceitação do beneficiado. Vê-se que pode promover o registro o antigo *dominus* do imóvel, que tiver feito a transferência para outra pessoa e junte ao pedido a prova de aceitação por parte do beneficiário. Esse caso aplica-se comumente à doação de imóveis a incapazes, pois eles estão inibidos de proceder ao registro. Pode o registro ser requerido, no caso de duplo domínio, tanto pelo titular do domínio útil como do domínio direto. A transcrição do título de transmissão do domínio direto aproveita ao titular do domínio útil, e vice-versa. Só podem promover o registro, portanto, as pessoas com interesse direto no imóvel, pois o registro cria o direito de propriedade a favor de quem o registrou em seu nome. Presume-se pertencer o direito real à pessoa em cujo nome se inscreveu ou transcreveu. São pessoas interessadas a promover o registro:

I – nas servidões, o dono do prédio dominante e o dono do prédio serviente;
II – no uso, o usuário e o proprietário;
III – na habitação, o habitante e o proprietário;
IV – na anticrese, o mutuante e o mutuário;
V – no usufruto, o usufrutuário e o nu-proprietário;
VI – na constituição de renda, o beneficiário e o rendeiro censuário;
VII – na locação, o locatário e o locador;
VIII – nas promessas de compra e venda, o promitente comprador e o promitente vendedor;
IX – nas penhoras e ações, o autor e o réu;
X – nas cessões de direitos, o cessionário e o cedente;
XI – nas promessas de cessão de direitos, o promitente cessionário e o promitente cedente.

19.4. Do Registro Torrens

Trata-se de um tipo facilitado de registro, destinado a facultar a regularização de um imóvel, cujo título de propriedade não atende totalmente às exigências legais, mas atende aos requisitos mais importantes. No Brasil, regulamentado pelos arts. 277 a 288 da Lei dos Registros Públicos, o Registro Torrens aplica-se apenas aos imóveis rurais. O titular do domínio do imóvel deverá requerer o Registro Torrens diretamente ao oficial do Registro de Imóveis, juntando toda a documentação referente ao imóvel, inclusive um memorial descritivo e uma planta. O cartório fará subir o pedido à Vara de Registros Públicos, mesmo estando em termos. Caso note alguma irregularidade, o oficial do cartório levantará a dúvida e não fará o registro. Caberá ao interessado requerer a subida dos autos à justiça para ser julgado pela Vara dos Registros Públicos. Sendo ele considerado em termos, transitada em julgado a sentença que deferir o pedido, o oficial inscreverá, na matrícula, o julgado que determinou a submissão do imóvel aos efeitos do Registro Torrens, arquivando em cartório a documentação autuada.

Provo *Distribuidora e Gráfica*
Pabx: (011) 4178 05 22 fax ramal: 30
provografica.com.br